KB110525

유럽왕실의 탄생

차례
Contents

영국 왕실의 뿌리 찾기

　폴 케네디는 자신의 저서 『강대국의 흥망』에서 "16~17세기 근대 유럽의 특징 중 가장 눈에 띄는 것은 정치적으로 분산되었다는 점"이라고 했다. 이는 당시 유럽에 수많은 왕국과 왕실들이 존재한다는 것을 의미한다. 그러나 이들 왕국들은 사실 몇 안 되는 대표적인 왕국과 왕실을 통해 파생된 것에 불과하다. 그렇다면 대표적인 곳은 어디인가? 당시로서는 프랑스의 부르봉 왕가, 독일과 스페인의 합스부르크 왕가, 영국의 튜더 및 스튜어트 왕가, 러시아의 로마노프 왕가가 이에 해당된다.

　한편 17세기 후반부터 시작된 시민혁명으로 공화정체제가 유럽을 휩쓸면서 번성하던 왕실체제는 점차 쇠퇴하게 되었고,

그 결과 오늘날에는 입헌군주제 하에 몇몇 왕실만이 존재하고 있는 실정이다. 그 중 가장 유명한 유럽왕실은 단연 영국이며 벨기에, 룩셈부르크, 스페인, 리히텐슈타인, 네덜란드, 노르웨이, 덴마크, 스웨덴, 모나코가 전부라 할 수 있다. 이렇듯 오늘날 유럽왕실의 존재는 그 상징성만 남아 있지만, 아이러니하게도 그들의 삶의 모습들은 줄곧 세계의 각종 대중매체에서 빠지지 않는 기사거리가 되고 있다.

그 중 독일·프랑스·러시아 왕실과 함께 왕실의 원뿌리에 해당되면서, 또 지금까지 존속해온 영국왕실은 항상 다른 유럽왕실에 관한 기사보다 더 많이 주목받아왔다. 최근 몇 년 사이에 가장 크게 다뤄진 영국왕실 관련 기사로는 신데렐라에서 시작해 비운의 죽음으로 끝을 맺은 영국 왕세자비 다이애나의 삶을 빼놓을 수 없다. 그러나 다이애나 기사를 제외하고라도 20세기에만 국한하여 몇 가지를 손꼽아보면, 이혼녀인 심프슨 부인과의 사랑을 택한 에드워드 8세(윈저 공)가 왕위를 버린 사건, 2,500만 명이 텔레비전으로 시청한 엘리자베스 2세의 대관식, 찰스 왕세자의 염문 그리고 윌리엄 왕자의 인기 등이 있다.

사실 왕실의 대표적인 모습과 위치를 현재까지 굳건히 유지한 영국왕실이기에 그 인기가 좋다는 점은 쉽게 짐작할 수 있다. 하지만, 막상 영국왕실에 매력을 가지면 가질수록, 역사 속에 뿌리를 내린 "영국왕실의 탄생은 언제이며 그 정통성은 무엇인가" 하는 새로운 의문을 갖게 된다. 일부에서는 영국의 원주민이랄 수 있는 켈트족의 후손인 케니스 1세가 843년에 스쿤(Scone)을 도읍지로 세운 스코틀랜드 왕국을 영국왕실의 탄생과 정통성의 시작점으로 꾸준히 주장하고 있다. 그러나 왕실의 탄생과 정통성에 관한 학계의 보편적인 주장은 노르망디 윌리엄이 잉글랜드 지역을 1066년에 정복한 후 세운 잉글랜드 왕국이 시작점이라 보고 있다.

　본 글은 먼저 유럽왕실의 탄생과 그 정통성이 무엇인지를 살펴본 후, 윌리엄공이 브리튼 섬을 점령한 후 세운 잉글랜드 왕국이 과연 유럽왕실 탄생의 일부이며 그 정통성을 갖고 있는지를 이해해보고자 한다.

일러두기

- 영국은 초기에는 잉글랜드, 스코틀랜드, 웨일즈, 아일랜드로 나누어 표기되었다.
- 하노버 왕조(조지 1세) 때부터는 아일랜드의 일부를 제외한 지역들이 통합되어 하나의 왕국으로 표현되는 영국(Great Britain)으로 표기되었다.
- 본 글은 이 점을 고려하여 '잉글랜드'와 '영국'이란 단어를 분리하여 표기하였다.

유럽 왕실 탄생의 개괄

왕실 성립의 전제조건

오늘날까지 지속적으로 주목받는 유럽왕실의 등장은 언제부터인가? 황제 중심의 정치체제를 기반으로 한 고대 로마제국은 게르만의 족장인 오도아케르에 의해 로마 시가 점령당한 476년을 기점으로 역사 속에서 사라졌다. 이로부터 2~3세기동안 서유럽 전 지역은 어느 곳에서도 안정된 국가가 성립되지 못했고, 유럽 중북부에 걸쳐 부족단위로 생활하던 야만종족들의 선진문화권을 향한 대대적 이동만 있었을 뿐이었다. 이들 야만종족들의 지리적 분포를 살펴보자. 먼저 로마문화를 가장 많이 흡수하면서 로마 본토와 가까이에 있는 종족이 있었는데, 이들은 켈트족의 일파로서 프랑스 땅 골에 정착한 탓에 '골'족이라 부르며, 골의 라틴어 표기인 '갈리아'를 사용하여 '갈리아'족으로 부르기도 한다. 다음으로 갈리아족보다 지형적으로 더 위쪽에 분포되어 있는 종족들로서 갈리아족들에 의해 '게르만'으로 이름 붙여진 종족이 있다. 여기에는 고트족, 부르고뉴족, 반달족, 프랑크족, 색슨족 등이 속한다. 마지막으로 그들보다 더 북쪽 스칸디나비아 반도에 '북 게르만' 또는 '바이킹' '노르만'이라 불린 게르만 일족이 분포되어 있다.

한편 이들 야만종족들의 이동은 시간이 지나면서 선진 로마문화를 흡수하여 자연적으로 국가의 모습을 띠게 되었다. 여기서 등장하는 5세기 이후의 유럽에서의 '국가'를 정의하자면, 일정한 영토와 그곳에 사는 일정한 주민들로 이루어져, 주권에 의한 통치조직을 지니고 있는 사회집단 또는 공동체를 의미한다. 특히 국가가 형성되던 초기 역사에서 '통치조직'의 의미가 왕과 그 집안인 왕실의 존재 여부와 밀접하다보니 '국가'를 '왕국'이라 부른다. 그러므로 유럽왕실의 등장은 반드시 유럽왕국의 존재 여부가 전제되어야 함을 알 수 있다.

그러나 왕국이 형성되었다고 왕실의 통치방식이 완성된 것은 아니다. 초기 유럽왕실들은 당시 상황에 적합한 통치방식을 찾게 되었는데, 그것은 봉토를 세운다는 뜻의 봉건제(feudalism)이다. 봉건제는 왕이나 왕실 귀족들이 영주에게 땅을 나눠주고 충성의 서약을 받는 계약관계이므로 서로가 어길 시, 맺어진 계약은 파기될 뿐 아니라 적대관계에 놓이게 된다.

결국 이를 막기 위해 왕실은 중재자가 필요했는데 당시 로마 문화의 연결고리였던 기독교와 그 수장인 교황 그리고 교황청이 이런 분쟁을 조정하는 역할을 하게 되었다. 이로써 로마제국 멸망 후 형성된 유럽왕실은 자신들의 존재 여부와 '봉건제도' '로만가톨릭교 중심'이 밀접함을 인식했고, 점차 이들이 왕실의 정통성으로 내세워질 수밖에 없었다.

왕실의 모체 : 프랑크 왕국

위의 왕실 성립의 조건들을 가장 먼저 수용하면서 첫 왕국의 모습을 드러낸 부족은 게르만의 한 종족인 프랑크족이었다. '프랑크'란 말의 뜻은 원래 '강인한 자' '용감한 자'를 의미했는데, 나중에는 '자유민'이란 뜻으로도 사용되었다. 3세기 말부터 로마에는 간혹 프랑크 해적 이야기가 나오곤 했는데 콘스탄티누스 대제 때는 프랑크족장 및 우두머리들을 잡아 원형경기장에서 맹수의 밥이 되게 했다는 기록도 있다. 그러나 그들 중 많은 자들이 전사(戰士)인 로마 용병으로 활약하였기에 직·간접적으로 로마의 영향을 깊이 받지 않을 수 없었다.

로마가 망하자 이미 로마의 영향에 젖어 있던 프랑크족의 한 줄기인 투르네의 세일리족 지배자 클로비스는 15세에 족장이 된 후 481(또는 482)년에 주변 부족들과 영토를 점령하기 시작하였다. 494년경에는 갈리아 북부 전역에 이어 갈리아 남부의 서고트족 왕국마저 점령하면서 통일 프랑크 왕국의 모습을 만들었다. 이즈음 갈리아-로마인 랭스의 주교 레미기우스는 클로비스에게 이교도인 그이지만 로마인들의 공동체를 위해 일해 줄 것을 기대한다고 시신을 보내었다.

당신은 순수하고 정직하게 호의를 베풀어야 할 것입니다. 주교들을 존중하고 항상 그들의 충고에 귀 기울이시기 바랍니다. 당신이 그들과 뜻을 같이하는 즉시 당신의 영토는 번영할 것입니다.

부르군트족 공주 출신인 왕비 클로틸데의 영향으로 기독교에 관심을 갖고 있던 클로비스는 이를 의미 있게 받아들였다. 496년, 클로비스는 게르만족의 일파인 알레마니족을 격파하기 위한 똘비악 전투를 앞두고 "전투에 승리하면 기독교를 믿겠다"고 맹세하기에 이르렀다. 클로비스는 이 전투에서 승리했고 마침내 그의 맹세에 따라 랭스에서 세례식을 갖고 교회로부터 프랑크의 왕이자 갈리아의 지배자로 인정받았다. 당시 랭스에서의 클로비스의 모습을 그려놓은 미술작품을 보면 장발족인 프랑크 전통에 따라 머리와 수염은 길게 기른 상태였다. 또 오른쪽 어깨 앞을 호크로 잠그고, 금실로 화려하게 수놓은 망토에 수로 장식된 소매가 달린 자줏빛 튜닉을 걸쳤다. 마치 로마황제와 같은 위엄이 느껴지는 장면이다. 이때부터 '로만가톨릭교 중심'이 유럽왕실의 한 정통성으로 뿌리를 내리게 되었다.

사실 대부분의 게르만족들은 니케아 종교회의에서 이단종파로 판정받고 추방당한 아리우스파를 믿고 있었지만 프랑크족은 그때까지 다신교의 삶을 살고 있었다. 그러던 프랑크가 클로비스 때에는 로마문화를 확실하게 받아들이자고 결심했고, 멸망한 로마제국이지만 그 제국이 정통으로 인정했던 아타나시우스파의 기독교리를 받아들였다. 이로써 프랑크족은 로마제국이 인정했던 아타나시우스파 교리를 먼저 받아들인 점에서 아리우스파를 받아 들였던 다른 게르만 부족들과 확실히 구별되었고, 동시에 랭스 주교는 물론 여타 가톨릭 성직자들과 갈리아에 잔존한 로마인들의 지원도 전폭적으로 얻게 되었다. 얼마 후, 프랑크의 클로비스는 당시 유럽에서 가장 먼저 자신의 혈통이 세습될 수 있는 왕실을 세우고, 그의 할아버지의 이름인 '메로비치'를 따서 명명된 메로빙거 왕조를 열게 되었다.

　　한편 메로빙거 왕조에는 결정적인 문제점이 있었다. 게르만 종족은 전통적으로 자녀들에게 소유한 땅을 분배해주는 '분할상속제'가 있다. '분할상속제'란 게르만족들이 부족단위로 생활할 때는 기존의 땅을 나누고, 이를 기반으로 주변으로 확대·발전시켜나가는 좋은 제도이다. 그러나 왕국이 성립된 시점에 이 제도를 시행한다면 왕국이 분할되고 동시에 왕권 약화가 초래되는 심각한 문제점이 발생하게 된다. 바로 이런 '분할상속제'가 클로비스 사후 네 명의 아들에 의해 시작되면서 겨우 통일된 프랑크 왕국은 와해의 조짐을 보이게 되었다. 왕국 내에는 여러 분국이 생기고, 분국의 왕들은 서로 잦은 싸움을 벌였기에 상대적으로 각 분국 내 호족들의 세력은 현저하게 강해졌다. 다시 말해서 정치상의 실권은 프랑크 왕국의 각 분국들 내의 호족 출신이며 왕실의 살림을 맡는 관직이었던 궁재(宮宰)의 손으로 넘어가게 된 것이다.

그 중 카롤링거가(家)의 궁재인 카를 마르텔이 가장 눈에 띄었다. 마르텔은 732년 이베리아 반도를 통해 침입해 온 이슬람군을 격퇴하여 유럽가톨릭교 세계를 보호하였다. 비록 최근에 비판적 견해가 있긴 하지만, 이슬람의 침입을 물리치기 위해 토지를 봉토로 주는 대신 병역의 의무를 요구했던 마르텔의 프랑크 군제개혁은 '봉건제도의 기원'이라고 표현되기도 한다. 이로써 명성을 얻게 된 마르텔은 737년 이후부터 메로빙거 왕조의 실질적인 실권을 장악하여, 그의 아들 피핀이 카롤링거 왕조를 열게 되는 기반을 구축했다. 750년 피핀은 교황 자카리아스에게 사절 2명을 보내 편지로 "다스릴 힘을 전혀 갖고 있지 않는 왕을 모시는 일이 과연 현명한 것입니까?"라고 질문했다. 교황은 "통치 능력이 있는 왕을 갖는 것이 나을 것이다. 로마 교황의 권위로써 그대에게 프랑크의 왕위를 허락하노라"라는 대답을 보냈다. 결국 당시 유명무실한 메로빙거 왕조의 힐데리히 3세는 폐위당하여 수도원으로 보내졌으며, 피핀은 751년 11월 수아송에서 보니파키우스 대주교와 몇몇 성직자들에 의해 피핀 3세로 추대되었다.

8세기에 프랑크 왕국의 실권은 피핀을 중심으로 카롤링거 왕조로 넘어갔으며, 이 왕조의 가장 위대한 왕이었던 피핀의 아들 샤를마뉴는 기독교 문화의 영역에 속하는 서유럽의 대부분을 통합했다. 그리고 그는 800년 성탄절에 로마교구장으로부터 값진 보석이 박힌 황제의 관을 받으면서 '서로마제국의 부활'이라는 역사적인 장을 열었다.

재미있는 사실은 샤를마뉴는 읽을 줄도 쓸 줄도 몰랐지만, '카롤링거 문예부흥'이라 불릴 만큼 문화부흥에 힘써 프랑크 왕국 최대의 전성기를 만들었다는 점이다. 그 비결은 궁정문화의 응용에 있었다. 당시 궁정은 다양한 교육적 역할을 수행하였다. 가문이 좋은 집안의 자녀들이 어느 정도 교육을 받은 상태로 궁정에 들어와 왕에게 특별한 맹세를 하고 왕실의 식구가 되었고, 이들은 왕실의 여러 법도와 실질적인 행정 등을 익히면서 왕실과의 유대관계를 발전시켜 나갔다. 그러므로 궁정문화가 '유럽왕실 성장의 초석'이라 해도 과언이 아니다.

또 다른 재미있는 사실은 메로빙거 사회에 유행하던 장발 풍습이 샤를마뉴가 간편한 단발머리를 하기 시작하자 점차 사라지게 되었다는 것이다. 그는 머리처럼 수염도 단정하게 길렀는데 이도 당시 사회에서 그대로 따라했다. 이는 왕실의 영향력이 사회에 미치는 정도를 보여주는 단적인 예이며, 그 출발점이 샤를마뉴 때부터라고 해도 틀린 말은 아닐 것이다.

그렇다면, 왕실 전통의 단면을 볼 수 있는 화려하고 격식에 찬 왕실 식사예절도 이때 즈음 시작된 것이 아닐까? 사실 샤를마뉴 때에는 접시나 포크, 냅킨 등을 사용하지 않고 고작 등

근 사발을 이용하여 식사를 했다. 단, 부와 권위의 척도라면 사발의 재질이 나무인지 아니면 구리 또는 은, 금인지 하는 차이뿐이었다. 심지어 왕도 필요에 따라서는 딱딱한 빵의 중앙부를 파내고 그곳에 고기 스튜를 넣어 칼로 찍어 먹거나 숟가락으로 파먹는 정도였다. 따라서 샤를마뉴 때가 왕실의 정통성이 체계를 잡아가는 시기임은 분명하지만 정통성이 완성되었다고 생각하기에는 이르다는 점을 여기서 짚고 넘어가야 할 것이다. (본격적인 왕실 식사예절은 15세기 르네상스시기에 가서야 자리잡게 되었다.)

한편 샤를마뉴가 세상을 떠나자 그의 통치 때에는 언급되지 않던 '분할상속제'가 다시 언급되면서, 베르됭 조약을 기점으로 843년에 제국은 동(東)·중(中)·서(西)프랑크로 분열했다. 여기서 서로마제국은 고대 로마제국과 달리 프랑크 왕국의 내면에 존재하던 게르만 전통인 분할상속제의 영향을 받았고, 이로 인해 문화는 공유하되 각각의 지역적 특성은 살아 있는 여러 왕국의 왕실들이 등장한 것이다. 오늘날 유럽왕실이 다양하면서도 일정한 부분에서는 공통점이 있음은 이런 전통 때문이다.

프랑크 왕국의 분열

왕국의 분열 조짐은 이미 샤를마뉴 생전, 자신의 가족사에서 엿보이고 있었다. 샤를마뉴는 네 명의 합법적인 아내를 취했고, 홀로 된 때에는 적어도 여섯 명의 첩을 두었던 것으로 알려져 있다. 또 결혼 전 젊은 시절엔 '히밀트루데'란 동거녀도 있었다. 왕과 그녀 사이에서 태어난 피핀이란 아들이 있었는데, 당시 교황 스테파느누스 2세가 그를 왕실의 적자 대열에 올려주었다. 그러나 샤를마뉴가 재산을 분배할 때 다른 아들들의 반대로 그에게 영토를 주지 못했고, 피핀은 이에 불만을 품고 반란까지 일으켰다가 수도원에 감금당하기도 했다. 샤를마뉴가 통치하고 있을 동안에도 이러할진대, 정황으로 보아 이미 왕국의 분열은 초읽기에 들어간 것이라 할 수 있었다.

샤를마뉴에 이어 왕위에 오른 루트비히 1세는 신앙심이 두터워 교회·수도원을 보호하고 성직자를 정계에 등용하여 로만가톨릭교 문화의 발전을 꾀하였다. 이로써 경건왕(敬虔王)이라고도 불렸다. 루트비히는 부친인 샤를마뉴가 자신과 형제들에게 상속을 해줄 때 생긴 잡음을 염두에 두고, 이런 전철을 밟지 않으려 '제국칙령(Ordinatio imperii)'이란 제도를 발표했다. 이 칙령에 의해 루트비히는 장남 로타르에게 제국과 제위를 물려주기로 정하고, 그를 이탈리아의 통치자로 먼저 명한 후 교황 파스칼리스로부터 황제의 관을 받게 했다. 이어서 루트비히는 '로마 헌법(Constitutio Romana)'을 발표해 황제가 로마에 대한 통치권이 있음을 확인하고 교황에게 충성서약을 요구했다. 또 차남 피핀은 갈리아 남부 지역인 아키텐의 분국왕, 삼남 루트비히 2세는 바이에른의 분국왕으로 봉하였다. 그러나 루트비히가 추진한 정책은 왕비가 죽은 후 재혼하여 네 번째 아들인 샤를을 얻음으로써 문제가 발생했다. 왕은 샤를에게도 상속을 주려고 '제국칙령'을 수정하려 했는데, 기존의 세 아들이 이를 받아들이지 않고 왕에게 반항한 것이다.

그러나 838년에 차남 피핀이 갑자기 죽자 자연스럽게 '제국 칙령'은 수정되었고, 바이에른과 그 부근 지역은 삼남 루트비 히에게, 그 나머지 부분을 둘로 나눠 동쪽은 로타르에게, 서쪽 은 샤를에게 각각 돌아갔다. 또 루트비히는 로타르에게 황제 칭호는 허락하였지만 자신에게 반항한 죄를 물어 '제국칙령'에 준하여 주어졌던 다른 왕자들에 대한 종주권은 박탈하였다. 이런 그의 조처가 앞으로의 제국의 분리를 더욱 가속화하였 다. 그러므로 정치적으로 루트비히 1세가 프랑크 왕국을 약체 화시킨 데 한몫을 한 것은 부정할 수 없다.

루트비히 1세가 생을 마감하자, 잠재해 있던 칙령 문제는 곧 왕자들 사이의 내란으로 발전되었다. 내란의 결과는 베르 됭에서 왕국의 삼분을 약정하는 조약을 맺음으로써 끝이 났 다. 이 조약에 의해 로타르는 이탈리아와 중프랑크 왕국(부르 군트·라인 마스 지방) 및 황제의 칭호를 얻게 되었고, 루트비히 는 동프랑크 왕국(라인 강 동쪽), 샤를은 서프랑크 왕국(론 강, 손 강)을 나눠 갖게 되었다. 그 중 로타르는 이후 권력에 대한 회의를 느끼고 자신의 아들들에게 왕위와 영지를 넘겨준 후 프륌 수도원에 들어가 수도사로 생을 마치게 된다.

한편 중부 지역 프랑크 왕국에 속해 있던 로타링겐(로렌)을 물려받은 로타르 2세(수도원에 들어간 로타르 1세의 아들)가 자 식이 없자, 삼촌인 동프랑크의 루트비히와 서프랑크의 샤를은 서로 만나서, 만약 조카인 로타르 2세가 죽으면 로타링겐을 분할하기로 합의했다. 그러나 막상 조카가 죽었을 때, 샤를은 루트비히와의 약속을 어기고 로타링겐을 독단적으로 합병하였다. 이런 이유로 870년 루트비히와 샤를은 다시 싸우게 되었는데, 이번에는 메르센(네덜란드, 아헨 북서)에서 타협이 이루어져 로타링겐의 동쪽은 루트비히의 동프랑크, 서쪽은 샤를의 서프랑크가 차지하였다.

위에 언급된 몇 차례 분할정책을 통해서, 샤를마뉴 대제 때 부활한 서로마제국은 몇몇 분리왕국들의 성립 조짐을 보이게 되었다. 그 중 서프랑크 왕국과 동프랑크 왕국이 시간이 지날수록 독립왕국으로서의 성격이 뚜렷해지기 시작했다. 그럼에도 불구하고 이들 왕실만큼은 샤를마뉴의 혈통 아래 단일 카롤링거 왕조의 모습을 계속 유지하고 있었다.

프랑스 왕실 : 카페 왕조의 출현

870년의 메르센 조약으로, 중부 프랑크 왕국에 속해 있던 로타링겐이 동·서프랑크 왕국에 분할되었으며, 이로써 후일의 프랑스와 독일 양국의 영토적 기초가 거의 이루어졌다. 그러나 서프랑크의 경우, 북쪽 바이킹족의 침략이 잦아지고 봉건제도가 점차 정착되면서 지방 호족의 세력이 확산되었고, 이로 인해 카롤링거 왕조의 왕실 혈통들의 통치력은 쇠퇴하게 되었다. 그런 외중에 갈리아 혈통의 지방 호족인 파리백(伯) 외드가 침략이 잦은 바이킹(서프랑크에서는 노르만인이라 부름)으로부터 파리를 방어하는 데 성공함으로써 비(非)카롤링거 왕조의 혈통으로는 처음 서프랑크 왕에 선출되었다. 그러나 외드가 통치하는 동안 바이킹의 침략은 더욱 극성을 부렸고, 카롤링거 왕조의 지배권이 단절되는 것을 견제하려는 카롤링거 왕실 혈통들의 도전도 있어, 왕국 내에는 끝없는 분쟁이 지속되었다.

외드 왕이 죽자 카롤링거 왕조의 혈통이면서도 너무 어려 그동안 배제되었던 샤를이 '단순왕' 샤를 3세로 왕위에 올랐다. 이때 외드의 동생 로베르는 비록 샤를을 왕으로 인정하고 충성을 맹세하였지만, 자신이 왕 이상으로 막강한 영향력을 행사했다. 로베르는 911년 샤르트르에서 바이킹족을 물리치고, 그 해 말 생클레르쉬르레프트에서 조약이 체결되도록 주선했다. 이로써 그의 권력은 절정에 다다르게 되었다. 이 조약에 의해 노르망디 지역은 바이킹 지도자 롤로와 그의 부하들이 통치하고, 그 대신 롤로는 가톨릭교를 받아들이고 샤를 왕에게 충성을 맹세하는 봉신이 되었다. 이는 그동안 개념으로만 존재하던 중세 봉건제도의 현실적인 출발점이 되었고, '로만가톨릭 중심'과 함께 유럽왕실의 또 하나의 정통성이 성립되는 순간이기도 하였다. 이 조약으로 인해 이 지역으로 출몰하는 바이킹들은 노르만인 롤로에 의해 차단될 수 있었다.

한편 샤를 왕은 이런 로베르의 능력을 견제하려 했고, 결국 둘은 서로 충돌하게 되었다. 이 와중에 수아송 부근의 전투에서 샤를왕은 로베르의 추종자인 백작 에르베르의 포로가 되었는데, 정작 로베르는 목숨을 잃고 말았다. 이로써 갈리아족 출신이며 로베르의 사위인 라울이 서프랑크 왕에 뽑혀 수아송에서 왕관을 썼다. 라울은 외드나 로베르와 달리 처음에는 많은 귀족들에게 인정받지 못했다. 에르베르 백작은 라울의 주요 지지자였지만 다른 귀족들이 라울에 대한 지지가 약함을 파악하자 자신의 수중에 있는 샤를 왕을 빌미로 라울에게서 많은 이권을 요구하였다. 그러나 예상치 못한 샤를 왕의 갑작스런 죽음으로 에르베르 백작을 비롯한 라울을 반대하는 세력의 힘은 약해지고, 상대적으로 라울의 지위는 크게 향상되었다. 이렇듯 라울은 우여곡절 끝에 왕권의 정통성을 겨우 정립하였는데, 그 시점에 불행히도 그는 병에 걸려 세상을 떠났다.

라울이 죽자 로베르 1세의 아들이자 외드 왕과 형제인 위그르 그랑(Hugh le Grand)이 서프랑크 왕위에 오를 수 있는 인물로 주목받게 되었다. 왜냐하면 그는 세 왕(프랑스의 라울, 잉글랜드의 애설스탠, 독일의 오토)과 인척관계를 맺었었거나 또는 맺고 있었으며, 방대한 영토를 소유한 대영주였으므로, 쉽게 왕권을 맡을 수 있는 위치와 역량을 고루 갖고 있었기 때문이다. 그러나 위그는 자신이 왕이 되기보다 왕의 배후에서 조종하기를 더 좋아했기에 폐위된 샤를 3세의 아들을 루이 4세로 내세웠다. 샤를 3세가 에르베르 백작에게 붙들려 감옥에 있던 동안 그의 어머니의 고향인 잉글랜드로 피신하여 머물던 루이는 뜻밖에 위그의 천거로 서프랑크로 돌아와 왕이 되었다.

한편, 루이 4세는 위그가 생각한 꼭두각시 군주가 아니었으며 위그의 영향에서 벗어나기 위해 파리에서 랑으로 옮겨가 살기도 했다. 그러다보니 루이의 재위 기간 내내 위그는 정치적으로 그와 부딪칠 수밖에 없었다. 다행히 루이가 위그보다 앞서 세상을 떠나자 정치적 분쟁은 수그러들게 되었고 위그는 다시 왕의 물망에 올랐다. 세간에서는 루이 때문에 곤욕을 치른 그이기에 이번에는 그가 직접 통치할 것이라고들 믿었다. 그러나 이런 추리는 빗나가고, 위그는 루이 4세의 어린 아들 로테르를 왕위에 앉혔다. 그렇지만 서프랑크의 실질적인 통치자가 위그였음은 당시 어느 누구도 의심하지 않았다.

위그의 그늘 아래 왕으로 올라선 루이 4세의 맏아들 로테르, 그리고 그를 이은 루이 5세의 불안정한 통치는 서프랑크에서 카롤링거 왕조의 종말을 불러들였다. 987년 루이 5세가 왕위에 오른 지 얼마 되지 않아 죽자, 위그 르 그랑의 아들인 위그 카페는 아버지처럼 왕의 배후에서 조종하려 하지 않고 자신이 직접 왕위에 올랐다. 이것이 프랑크 왕국에서 독립된 프랑스 왕국의 첫 왕실인 카페 왕조(987~1328)의 시작이다. 왕위에 오른 위그 카페는 여러 반란세력을 물리치면서 국가의 기반을 다져, 프랑스 왕실이 유럽왕실의 한 축을 형성하도록 하였다.

독일(신성로마제국)왕실 : 작센 왕조의 출현

동프랑크 왕국도 베르됭 조약과 메르센 조약으로 프랑크 왕국이 분할되면서 영토적 기초가 대부분 이루어졌다. 동프랑크 왕국은 게르만의 전통적인 부족으로서 독립성이 강한 프랑켄·작센·알라마넨·바이에른 등으로 구성되었고, 이로 인해 루트비히의 카롤링거 왕실 혈통은 불안하게 출발하였다. 다행히 루트비히가 오랜 기간을 통치하게 되어서 동프랑크 왕국은 정치적 안정이 만들어졌다. 그러나 9세기 말 바이킹과 마자르족의 침입으로 동프랑크 왕국은 흔들리기 시작했으며, 루트비히를 이은 왕들이 제 몫을 하지 못하고 심지어 카롤링거 왕조의 혈통이 단절되면서 동프랑크의 운명은 끝을 맞게 되었다. 이제 카롤링거가의 혈통이 단절된 상황에서 왕위를 이어갈 최선의 방법은 동프랑크 내 4개 지방 게르만 부족이 회의를 해서 왕을 선출하는 것이었다. 결국 이 방법이 채택되어 프랑켄 부족 대공이 콘라트 1세로 왕위에 올랐다. 이로써 동프랑크 왕국이 멸망하고, 여러 게르만 부족의 연합체 형식으로 새로운 왕국이 탄생하였다.

기대했던 콘라트 1세의 치세는 당대로 끝나고 이어서 작센 부족 대공인 하인리히 1세가 국왕으로 선출되었다. 하인리히 1세는 통치에 임하여 마자르인·바이킹·슬라브인 등 이민족의 침입을 격퇴시키면서 동프랑크 왕국이 해체된 전철을 밟지 않으려 하였다. 특히 그는 새로운 왕국의 정체성을 찾으려 노력했다. 하인리히는 왕국 내 연합체인 여러 부족들이 각각의 독립성이 강함을 알기 때문에 이를 누르고 통일왕국의 정체성을 찾기 위한 방법은 오직 봉건제도를 통해 부족 권력자들을 제후에 봉하여 집권화하는 것뿐임을 간파하고 있었다.

하인리히에 이어 왕위에 오른 작센가의 오토 1세는 하인리히의 정책을 그대로 수용하였다. 그리고 한 걸음 더 나아가, 왕권에 대항하는 부족세력을 억압하고 국왕의 지배력을 강화하기 위하여 가톨릭교회를 이용하였다. 당시 왕국 내부의 교회와 수도원은 실세가 있는 부족들의 침략을 받고 경제적으로 피폐한 상태였다. 오토 1세는 이를 잘 간파하고 일단 교회의 호감을 사는 정책을 추진하였다. 무엇보다도 교회를 부족들의 침략으로부터 지켜주고, 일부 왕실 토지를 교회 소속으로 돌려주었으며, 교회 자체적으로 수익사업을 할 수 있도록 조처해주었다. 또 왕실의 자제나 가신(家臣)을 주교, 대수도원장 등 고급 성직자의 지위에 취임시켜 국왕의 집안과 교회를 결합시켰다.

이렇게 자국 내 가톨릭교회를 자기 쪽으로 끌어들인 오토 1세는 로마교황과의 유대도 염두에 두었다. 왜냐하면 샤를마뉴가 교황의 구원 요청에 응하여 서로마황제 관을 쓰게 된 사실을 알고 있었기 때문이다. 즉, 그에게도 이런 기회가 온다면 놓치지 않을 것이란 계산이었다. 그런데 믿기지 않을 만큼 놀라운 사실은 오토의 희망이었던 '교황의 요청'이 그의 생전에 현실로 다가온 것이었다.

당시 교황 요한 12세는 교황을 괴롭히던 현지의 귀족을 토벌하고 자신을 구해줄 것을 오토에게 요청해 왔다. 굳이 마다할 이유가 없는 오토는 주저하지 않고 달려가 교황의 주변을 말끔히 정리하였고, 이로 인해 962년에 교황의 주도 하에 로마에서 황제의 관을 쓰게 되었다. 이로써 카롤링거 왕조가 다시 일으킨 서로마제국에 이어 작센가에서 '신성로마제국'을 출현시켰으며, 이때부터 역대 독일국왕은 황제의 칭호를 가지게 되었다. 이렇게 신성로마제국을 연 작센 집안은 오토 2·3세로 직계상속하면서 프랑스와 함께 유럽왕실의 한 축을 형성하게 되었다.

잉글랜드 웨섹스 왕실

앞서 살펴보았듯이 프랑크 왕국이라는 한 뿌리 속에서 프랑스와 독일왕국이 갈라져 나와 각각의 왕실을 성립했음은 충분히 알 수 있다. 그러면 비슷한 시기에 등장한 잉글랜드 왕실은 어떠한가? 다른 두 왕실처럼 왕실 성립의 공통조건을 갖추고 있었던가? 다시 말해 단일왕국으로서의 존재 여부, 그리고 유럽왕실의 정통성인 '봉건제도'와 '로만가톨릭교 중심'이 충족되어 있었는가 하는 것이다.

먼저 잉글랜드에서는 단일왕국의 존재 여부가 쉽게 파악된다. 브리튼 섬의 중남부를 통합하여 단일왕국의 모습을 갖춘 것은 앵글로-색슨계 웨섹스 왕국의 앨프레드 대왕 때이다. 이때 국가 성립의 조건인 영토와 국민 그리고 통치조직이 제대로 갖추어졌다. 특히 일곱 개 왕국이 하나의 단일왕국이 된 상황에서 앨프레드 자신을 에그버트로부터 시작된 8대 브레트왈다(Bretwaldas)라고 불렀던 것은 주목해야 할 부분이다. 비드의 『영국교회사』에 의하면 브레트왈다란 게르만의 일곱 개 왕국의 왕들이 차례로 모든 왕국을 짧게나마 대표, 통치하는 통합왕을 일컫는다. 그런데 하나의 왕국이 된 상황에서 앨프레드가 브레트왈다로 불린 것은 그가 실질적인 통치자임을 의미하며, 동시에 그의 혈통으로 이어지는 잉글랜드 왕실의 성립까지 엿볼 수 있게 해준다. 특히 데인족(영국에서 덴마크 지역의 바이킹을 부르는 말)을 몰아내고 왕위에 오른 그에 대한 국민들의 지지는 대단하였는데, 이런 모든 조건을 염두에 두고 보자면 앨프레드와 그 집안은 잉글랜드 왕실 성립의 주역으로 손색이 없어 보인다.

그렇다면 과연 앨프레드 혈통의 왕실이 이후의 잉글랜드 및 영국왕실을 대표한다고 단정할 수 있을까? 앵글로-색슨계 왕실의 전통을 보면, 왕은 고귀한 가문에서 나왔지만 위테나게모트(Witenagemot)라 불린 국가 평의회에서 선출되었기에 왕의 권한은 제한적이었다. 이는 게르만 부족 전통이 남아 있는 것으로 프랑스의 카페왕조나 독일의 작센왕조 이전 프랑크 왕국 정도의 수준에 머문 것이었다.

이런 정치체제 하에서는 앨프레드와 같은 강력한 왕이 등장했을 때에는 왕의 혈통이 한동안 이어지겠지만 혹여 그 혈통에 문제가 생기면 위테나게모트는 즉시 왕실의 미래를 위해 개입하게 될 것이다. 사실 1016년 데인족의 재침입으로 앨프레드의 혈통인 에드먼드 2세가 살해되자 위테나게모트는 왕국의 존속을 위해 과감히 데인계인 크누트를 왕으로 선출하였다. 따라서 앨프레드로 시작된 앵글로-색슨계 단일왕국이 형성한 왕실이 진정한 영국왕실을 대표한다고 주장하기에는 무리가 있다.

명실상부한 영국왕실의 탄생은 언제부터인가? 유럽왕실의 탄생 과정을 염두에 둔다면, 프랑스나 독일왕실의 정통성인 '봉건제도'와 '로만가톨릭교'에 편입했을 때이다. 그런 점에서 프랑스 왕실의 일부인 노르망디 공국의 윌리엄 대공이 브리튼섬을 정복하려 시도한 1066년 '헤이스팅스 전투'야말로 영국왕실의 탄생과 밀접한 관계가 있음을 추정할 수가 있다.

지금부터 위의 추정을 증명하고자 '헤이스팅스' 전투에 관한 몇몇 연구서들의 공통부분을 정리하면서 이 전투를 중심으로 한 전·후시기의 역사를 재구성해볼 것이다.

1066년 잉글랜드와 노르만 충돌위기의 배경

데인계 왕인 크누트의 혈통이 단절된 1042년, 왕의 선출권을 갖고 있던 위테나게모트가 급히 소집되었다. 그곳에 나온 앵글로-색슨계 귀족들은 이전 7왕국의 수장들로서 모두가 왕으로 선출될 자격을 갖고 있었다. 그들은 회의가 무르익자, 자칫 서로 간의 알력으로 인해 단일국가의 모습이 와해될 것을 이구동성으로 우려하면서, 앨프레드 혈통을 왕위에 올리는 것이 최선이란 쪽으로 뜻을 모았다. 위테나게모트의 이런 결정으로 물망에 오른 인물은 노르망디에 머물고 있는 에셀레드 2세의 아들인 에드워드였다. 당시 에드워드는 어머니 에마가 노르망디 공국의 통치자인 리처드 대공의 누이인 덕분에 크누트 치하에 그곳으로 망명하여 성장하였다.

에드워드의 외가이며 그가 장성할 때까지 줄곧 머물던 노르망디는 앞서 언급된 바처럼 노르만인 롤로 추장이 프랑스 왕실의 묵인 하에 북서 프랑스 지역에 정착하여 일으킨 공국이다. 당시 프랑스 왕과 노르망디 대공은 토지를 중심으로 한 주종관계에 놓여 있었다. 그리고 노르망디의 공국인들은 선진화된 프랑스문화를 여과 없이 받아들여 안정된 왕국을 만들었다. 바로 이곳에 머물면서 성장한 에드워드가 노르망디에서 보고 배운 것은 좁게는 노르만사회와 그 문화였다. 그러나 넓게 보면, 프랑스문화, 더 넓게는 당시대의 보편적 유럽대륙의 문화를 제대로 보고 배웠던 것이다. 그런 에드워드가 유럽의 문화와 동떨어져 있던 섬나라 잉글랜드의 통치자로 그 땅을 밟을 때는 대륙문화 역시 자연스레 들어가게 되었다. 예를 들어 에드워드는 자신들의 측근에 노르만 친구들을 배치하였고, 웨스트민스터에 있던 성당도 노르만 건축가들을 동원하여 왕궁에 어울리게 웅장하게 지었다.

한편 위테나게모트를 통해 에드워드를 선출한 앵글로-색슨계 귀족들의 속뜻은 (정치적으로) 분열보다 안정이었다. 그러나 에드워드가 가지고 온 노르만문화의 모습은 그들의 기존 세력에 큰 '변화와 도전'이 되었다. 이런 문화적 도전에 민감하던 앵글로-색슨계 귀족은 잉글랜드 제일의 권력가이며 앨프레드 대왕의 정치권력을 만들어낸 진원지인 웨섹스 지역의 실권자이던 고드윈(Godwin)이었다. 고드윈은 데인계의 등장으로 앨프레드 혈통의 미래가 불확실하던 때를 기회로 삼아 실권을 쥔 인물이다. 비록 그도 데인계가 물러난 후 과도기의 정치적 안정을 위해 에드워드를 왕으로 선출하는 데는 동조하였지만, 내심 왕권을 넘겨나보고 있었다. 그런 그가 에드워드가 가지고 온 노르만문화를 달갑게 생각했을 리 만무하다. 결국 자신의 권력유지와 노르만문화 유입을 막기 위해 고드윈은 정치의 전면에 나서게 되었다. 방법은 자신의 딸인 이디스를 에드워드와 혼인시켜 외척으로서 실권을 쥐는 것이었다. 동시에 에드워드의 아들이자 자신의 손자가 왕이 된다면 그가 원한 계획은 완벽하게 이루어지는 것이다.

색슨계 잉글랜드의 왕으로 추대된 에드워드는 노르망디를 떠나기 전, 해협을 바라보며 잉글랜드로 돌아가면 앨프레드 대왕의 영광을 꼭 재현해보겠다는 포부를 품었다. 그러나 막상 왕이 된 후의 그는 자신이 얼마나 무력한가를 새삼 느끼고 있었다. 특히 고드윈 집안의 권력 앞에 더욱더 비참함을 느끼게 되자, 그는 노르망디의 생활이 그리웠고 그곳을 늘 흠모하였다. 더군다나 에드워드는 이디스와의 사이에 자식이 없자 (고드윈 집안에게는 불행한 이야기이지만) 가능하면 자신의 후계자를 노르망디 쪽 인물로 지명하려는 생각을 굳히게 되었다.

그렇다고 잉글랜드 내 정통 혈통이 없는 것은 아니었다. 먼저 데인족에 의해 살해당한 에드먼드 2세의 아들인 '헝가리의 에드워드'라 불린 에드워드와 그 아들 에드거가 있었다. '헝가리의 에드워드'는 런던에 돌아온 1057년에 갑작스레 의문스런 죽음을 당하였다. 그리고 에드거에 대해서는 에드워드 참회왕은 물론 어느 누구도 그를 왕위에 올리는 것을 달갑게 생각지 않고 있었다. 또 다른 계승자 적통 부류로는 데인계 왕인 크누트의 혈통이 있었다. 잉글랜드를 통치했던 크누트의 아들로서 노르웨이를 상속받은 망누스 왕의 아들 하랄 호르로데(Harald Hardrade)가 잉글랜드를 포함한 북유럽제국의 계승자로 자처하고 있었다.

그러면 에드워드 참회왕이 눈여겨본 계승자 후보는 누구인가? 두 명의 노르만 연대기 작가인 쥐미조의 윌리엄(William of Jumiéges)과 푸와티에의 윌리엄(William of Poitiers)의 기록에 의하면, 잉글랜드 내 왕실 혈통들이 거론되는 과정에서 에드워드는 그의 외사촌인 노르망디 대공 윌리엄(후에 윌리엄 정복왕이라 불림)에게 왕좌를 권했고, 이 사실은 캔터베리 주교에 의해 윌리엄에게 전해졌다고 한다. 또 『앵글로-색슨 연대기』에 의하면 1051년 윌리엄이 잉글랜드로 넘어와 에드워드와 주종관계를 맺는 충성맹세를 하였다고 기록되어 있다. 공교롭게도 이 해는 에드워드가 이디스 왕비를 포함한 고드윈 가문과의 인연을 끊고 이들 가족을 추방한 때이다.

한편 에드워드를 지지한 잉글랜드 중부 지역인 노섬브리아와 머시아 영주들 때문에 무릎을 꿇고 추방당한 고드윈은 자신이 원했던 합법적인 왕권 획득이 어렵게 되자, 힘으로 에드워드를 위협하여 정권을 휘두르는 방향으로 선회하였다. 그러나 고드윈은 이 일을 성사시키고 얼마 있지 않아 급작스레 죽게 되었고, 실질적인 세력은 고드윈의 생존한 첫째 아들이며 웨섹스 영지의 상속자인 헤럴드(Harold)가 쥐게 되었다. 그 와중에 고드윈에게 저항했던 잉글랜드 중북부의 거대한 영지인 노섬브리아의 영주가 죽자, 헤럴드의 아우인 토스티그(Tostig)가 이 영지를 점유하게 되었다. 그리고 웨일즈의 통치자인 그리피드와 동맹을 맺고 쳐들어온 머시아 영주도 헤럴드 형제에 의해 대패하자, 명실 공히 잉글랜드 전역이 고드윈 집안의 손에 의해 움직이게 되었다.

에드워드가 세상을 떠나기 한 해 전까지 헤럴드는 잉글랜드의 실질적 실권자였지만 다음 왕위는 요구하지 않았다. 그는 자신이 앨프레드 왕가의 혈통과 전혀 관계가 없다보니 에드워드의 외척인 윌리엄보다 왕위 계승 서열이 약하다는 것을 잘 알고 있었다. 그래서 에드워드 사후, 왕위 계승의 일순위에 있는 윌리엄과의 유대관계를 단단히 해두는 쪽에 신경을 쓰고 있었다. 특히 윌리엄이 왕이 되더라도 자신의 정치적 입지를 어떻게든 유지해야 한다는 데 초점을 두고 있었다. 그 기회는 우연하게도 헤럴드가 1051년 이후 노르망디에 볼모가 되어 있던 막내 동생과 조카를 보러 건너갔을 때 만들어졌다. 헤럴드가 탄 배가 풍랑을 만나 원하던 장소에서 너무 멀리 떨어진 동쪽 해안에 착륙한 일이 있었다. 그곳은 노르망디 공국 내의 퐁띠외(Ponthieu) 백작령으로, 그곳 영주 가이(guy)가 헤럴드의 상륙소식을 듣고 직접 나와 그를 생포하였다. 한편 영토를 확장하기 위해 브르타뉴 원정길에 오른 윌리엄이 이 소식을 전해 듣고 노르망디와 주종관계에 있던 퐁띠외의 백작에게 권

월리엄에게 '신하의 예'를 표하는 헤럴드. ▲
헤럴드를 잉글랜드로 돌려보내는 월리엄. ▶

하여 그를 놓아주게 하였다. 이때 풀려난 헤럴드는 막 원정길
에 오른 월리엄과 길에서 우연히 서로 대면할 기회를 갖게 되
었다. 헤럴드는 지금이 월리엄과 유대를 돈독히 할 절호의 기
회임을 포착하고, 주저하지 않고 월리엄에게 '신하의 예'를 표
하였다. 갑작스런 일이지만 '신하의 예'를 흡족하게 받은 월리
엄은 그에게 브르타뉴 원정에 동반할 것을 권하였고, 헤럴드
는 이를 흔쾌히 승낙하였다. 함께 떠난 브르타뉴 원정이 성공
적으로 끝나자 월리엄은 헤럴드에게 선물을 주고, 볼모로 잡
고 있던 그의 동생과 조카를 데리고 잉글랜드로 떠나게 허락
해주었다. 이 사실은 당시에는 소문으로만 무성하다가 12세
기, 시인이자 연대기 작가인 웨이스(Wace)에 의해 확실하게
표현되었다.

1066년 1월 5일, 에드워드 참회왕이 세상을 떠났다. 이튿날
장례식은 에드워드가 생전에 자신의 신앙심과 연결하여 완성

에드워드 참회왕의
죽음.

한 웨스트민스터 사원에서 진행되었다. 같은 날, 헤럴드는 '헤럴드 2세'로서의 자신의 왕위 즉위식을 이 사원에서 치렀다. 그의 즉위식은 왕위에 욕심이 없던 이전의 헤럴드를 생각한다면 이해가 가지 않는다. 일부 연대기 작가들은 에드워드가 죽기 직전에 헤럴드를 지명했기에, 그는 합법적으로 왕위를 이어받았다고 한다. 그러나 헤럴드가 축하연을 연 자리에 참석한 대주교 스티건드(Stigand)는 "왕은 노쇠하였고 치매의 조짐도 자주 보였기에 만약 헤럴드를 지명했다면 분명 정신이 없던 치매상태에서 실수한 것이다"라면서 헤럴드의 즉위를 강력하게 반대하였다. 그러나 헤럴드는 위테나게모트에서 이미 자신의 즉위를 인정했기에 더 이상 이의를 달지 말 것을 명하다시피 하였다. 여기서 헤럴드가 위테나게모트의 '인정'을 강조한 것은 왕위 결정에 있어서 혈통보다도 이 기관이 더 권위가 있다는 것을 제대로 파악했기 때문으로 보인다. 결국 헤럴드가 처음에는 왕위에 대한 욕심이 없다가 후에 변심한 것도 이런 파악과 관련이 있음을 쉽게 추측할 수 있다. 또한 당시 잉

헤럴드 2세의 즉위에
이의를 다는 무리들.

글랜드 내에서 제일의 권력자인 그에게 도전할 인물이나 기관
이 없었기 때문에, 자신이 무엇인가를 주장하면 즉시 기정된
사실로 받아들여질 것이란 생각도 내심 작용한 듯 보인다.

에드워드 생전시의 약속도 있고 해서 당연히 왕위에 오를
것으로 확신하고 있던 윌리엄은 헤럴드의 즉위를 도저히 받아
들일 수가 없었다. 이에 윌리엄은 자신이 합법적 왕위 계승자
임을 조목조목 적어서 급히 잉글랜드의 위테나게모트에 보냈
다. 그러나 위테나게모트는 묵묵부답이었다. 이제 윌리엄의
선택권은 왕위 계승을 포기하거나 무력으로라도 성취하거나
하는 둘 중의 하나밖에 남지 않았다. 그리고 그의 최종 결정은
'잉글랜드에 건너가 헤럴드를 물리치고 자신이 왕위를 갖겠다
는 쪽으로 굳어지게 되었다. 이런 배경 하에 헤이스팅스 전투
는 시시각각 역사의 현실로 가시화되었다.

적대적 관계의 양국 지휘관

노르만의 윌리엄 대공

윌리엄의 부친인 로베르 대공은 노르망디 공작 리샤르 2세의 둘째 아들로, 시골 처녀인 아를레트와의 동거상태에서 윌리엄을 낳았다. 먼저 윌리엄의 아버지인 로베르 대공에 대하여 잠깐 살펴보자. 로베르 대공은 둘째였지만 상속자인 형 라샤르 3세가 즉위한 지 얼마 안 되어 세상을 떠나자 자연스레 공작령을 이어받게 되었다. 강력한 통치자의 자질을 갖고 있는 그는 '악마'란 별명을 얻으면서까지 봉신들의 복종을 차곡차곡 받아내면서 공작령을 튼튼히 하였다. 윌리엄의 기질이 바로 이런 아버지와 쏙 빼닮았다. 1031년 프랑스에서는 경건

왕 로베르 2세가 죽자, 왕위를 놓고 분쟁이 일어났다. 노르망디를 봉토로 받은 프랑스 봉건영주이기도 한 로베르는 프랑스의 앙리 왕자를 편들어 다른 왕자를 지지하는 영주들에 대항하였다. 이후 앙리가 앙리 1세로 왕위에 오르게 되었고, 그 대가로 로베르는 파리 북쪽의 벡생 프랑세를 얻었다. 또 경건한 신앙인이기도 한 그는 당시 클루니 수도원을 중심으로 진행되던 수도원개혁 및 교권정화운동을 적극적으로 후원하였다. 이런 연유로 그는 예루살렘 성지를 순례하게 되었는데, 1035년 예루살렘 순례에서 돌아오던 도중 갑작스레 병으로 죽었다. 로베르 대공은 자신의 죽음을 예감하고 있었는지 순례를 떠나기 전 자신의 대를 이을 자로 서자인 윌리엄을 지목해두었다. 그 결과 일곱 살이던 윌리엄은 별다른 진통 없이 자국 내 노르만 귀족들과 봉건군주였던 프랑스 왕 앙리 1세로부터 새로운 노르망디 대공으로 임명되었다.

윌리엄의 초기 통치는 그리 순탄해 보이지 않았다. 왜냐하면 '서자'라는 것이 항상 약점이었기 때문이다. 그러나 역설적으로 이런 약점은 그를 강한 지도자로 만드는 데 지대한 역할을 하였다. 윌리엄은 15세가 된 1042년에 기사작위를 받고 자기 공국을 직접 다스리게 되면서 통치자로서의 면모를 제대로 나타내게 되었다. 외형적으로 그는 표준보다 약간 큰 키인 5피트 8인치(1m 77㎝ 정도)에 균형 잡힌 체격을 지니고 있었다. 신앙심이 깊었기에 부정한 음식과 술은 절제했으며, 목소리는 거칠고 저음이었지만 언변 솜씨는 좋았다. 그는 1047년 프랑스 왕의 지원 하에 캉 남동부에 있는 발레뒨에서 자신에게 반대한 마지막 세력들을 격파한 후 명실 공히 그의 통치시대를 열게 되었다.

전투란 원래 위험부담을 안고 있는 것이기에 신중을 기해야 한다. 자칫하면 영토도 잃어버리고 자신도 죽게 되는 것이 전투이다. 이런 사실을 잘 알고 있던 윌리엄은 이후 많은 전투를 하지만 항상 현지상황을 잘 고려하여 신중하게 전투를 치러나갔다. 윌리엄의 정복 과정을 실질적으로 보여주는 역사적 자료인 '바이외 태피스트리(Bayeux tapestry, 길이 70m 폭 51㎝의 아마포에 수를 놓은 것)'에 묘사되어 있다시피, 헤이스팅스 전투에 앞서 그가 교황으로부터 전투의 정당성과 지원을 먼저 끌어내던 외교술이 그 단면을 말해주고 있다. 또 윌리엄은 (봉건제도의 특성상 나타난) 성곽들을 공략하면서 성곽의 중요성을 누구보다도 깊이 인식하게 되었다. 동시에 최소한의 인명 손실로 많은 적들을 물리칠 수 있는 성곽 포위방법도 그만이 갖고 있는 노하우였다. 능선과 구릉에서 치러진 헤이스팅스 전투에는 해당사항이 적었지만 잉글랜드를 정복한 후 그가 측근들을 통해 성곽을 잉글랜드 곳곳에 세운 것이 이를 잘 말해주고 있다. 또 윌리엄은 정찰대의 가치도 잘 인식하고 있었다. 페번시에 착륙한 후 줄곧 헤럴드군의 위치와 상태를 정확히 파악하고 있었던 것도 바로 정찰대의 역할 덕분이었다. 동시에 그에게 잔혹한 면이 있음도 주목해야 할 부분이다. 잉글랜드를 점령한 후 수년간 많은 반란을 접했지만, 그는 자신의 잔혹한 면을 십분 발휘하여 그러한 반란을 완전히 제압하고 그의 왕국을 제대로 열게 된 것이다.

잉글랜드의 헤럴드 2세

고드윈의 둘째 아들이면서 생존 서열로는 첫째인 헤럴드가 왕위에 오르던 1066년, 그의 나이는 45세였다. 헤럴드의 어머니는 데인계 잉글랜드 왕이었던 크누트의 여동생 기샤(Gytha)이다. 여기서 그의 형제들의 이름이 모두 스칸디나비아 방식인 이유가 밝혀진다. 태피스트리의 묘사를 통해 전해진 그의 모습 중 특이한 것은 그의 콧수염인데, 이는 당시 잉글랜드의 최고 패션이 되었다고 한다.

군 지휘관으로서의 헤럴드의 전술은 1055년 웨일즈와 머시아 지역의 반란을 진압하는 과정에서 익히 알려졌다. 그는 웨일즈 반란을 진압할 때 방어를 최우선책으로 생각하였다. 헤럴드는 반란군과의 접경 지역에 자신의 정예군을 두어 반란의 확산을 막았다. 점령되지 말아야 할 도읍(town) 주위에는 요새화된 자치구(burh)들을 조직하고, 그곳의 자치민들을 군사력으로 급조하여 방어하게 하였다. 이런 방어책은 반란군을 고립화하는 데 결정적인 역할을 하였다. 실제로 웨일즈와 동맹을 맺고 움직이는 머시아 반군들은 웨일즈 반군과 연계되지 못하면서 지리멸렬하였다. 이런 헤럴드의 전술은 1066년에도 그대로 적용되었다. 그가 가장 우려하는 윌리엄의 노르만군이 상륙하기 쉬운 와이트 섬에 미리 군사력을 배치하여 노르만군을 기다린 것이 이를 잘 말해주고 있다. 그러나 방어를 중심으로 진행되는 전술은 각본대로 진행될 때에만 큰 효과를 얻게 되며 그렇지 못한 경우는 치명적인 손실을 입게 되기 십상이다. 헤이스팅스 전투에 앞서 헤럴드에게 딜레마로 다가온 토스티그와 동맹을 맺은 노르웨이의 호르로데의 칩입, 그리고 기후의 변덕스러움 등 모두가 그의 전술에 치명적 손실을 준 요인들이다.

헤럴드를 이야기할 때 한 가지 지적되어야 할 부분이 있는데, 그것은 저돌적이며 예민한 그의 기질이었다. 윌리엄은 헤럴드와 함께 한 브르타뉴 원정 때 이미 그의 기질을 간파하고 있었던 것 같다. 이 원정에서 헤럴드는 윌리엄이 치밀하게 계산하고 전투하는 모습을 보고 그가 무척 소심한 인물이라고 파악하였다. 이런 대립된 둘의 성격은 전투에서의 승패와도 깊은 관련이 있음에 틀림없다. 이 글의 후반부에 언급되겠지만 헤이스팅스 전투에서 헤럴드의 마지막 실수는 방어에서 공격으로 전환한 전술 때문이다. 사실 공격전술이 모두 나쁘다고 할 수는 없다. 여기서 헤럴드의 경우가 유독 지적된 이유는 그 공격이 어떤 원칙 하에 진행된 것이 아닌 자신의 혈기를 자제하지 못하고 시도한 것이었기 때문이다.

양국의 군사력 비교

윌리엄의 노르만군

　윌리엄과 주종관계를 맺고 있는 노르만 영주들은 노르만 군사력의 주된 원천이었다. 비록 이에 관한 뚜렷한 자료는 없지만, 봉건적 의무로 인해 자신들의 영지에 속한 기사들을 윌리엄의 원정군으로 봉사하게 하였다. 원래 봉신 기사들의 복무 기간은 일 년에 40여 일 정도였으며, 주로 주군이 있는 성에 함께 머물렀다. 이런 체제는 노르망디 공국만의 특색이 아니라 당시 유럽대륙의 일반적인 모습이었다. 그러나 윌리엄이 준비하고 있는 원정군의 경우, 좀 특이한 점이 있다면 그것은 영주들과 새로운 계약을 맺고 그 계약 하에 차출된 기사들을 두 배의 복무 기간 동안 활용할 것을 다짐받았다는 것이다. 윌리엄의 새로운 계약이란 "정복한 땅을 새로운 봉건영지로 만들어 영주들에게 더 많이 분배를 한다"는 약속이었다. 원정을 이끌 참모진들은 바로 이들 기사들로서, 주로 값비싼 전투용 말을 타고 화려한 갑옷을 입었으며, 말을 포함한 모든 전투장비들은 그림자처럼 따라다니는 종자들에 의해 도움을 받았다.

윌리엄군의 편성을 보면, 노르만의 봉신이며 윌리엄의 사촌인 알란 퍼건트가 이끄는 브리튼인들이 한 축을 형성하고 있는데, 이들은 잉글랜드를 정복한 뒤 무상으로 새로운 영지를 얻으려는 무리들이었다. 그리고 프랑스나 플랑드르, 퐁띠외, 아키텡 등 이웃 왕국 및 공국들도 전리품에 대한 매력을 느껴 용병들을 원정군의 일부로 내보냈다.

원정의 주력군은 보병들이다. 이들 중 일부는 자신들의 주군으로부터 녹봉을 받고 움직이는 상비군이며, 일부는 부역으로 소집된 자들이다. 그리고 나머지 부류는 윌리엄에게 직접 봉사하는 봉신의 입장에서 움직였다. 이들 보병의 주력은 창병이지만 활이나 석궁을 다루는 병사들도 많이 있었다. 보병들은 수많은 쇠고리들을 얽어놓은 것으로 무릎 정도까지 덮이는 호벅(hauberk)이라 불린 쇠미늘 코트를 갑옷으로 입고 있었다. 일부 호벅에는 쇠미늘 덮개 모자까지 달려 있다. 보병의 투구는 코 보호대가 있는 원뿔형이었으며, 전투중에 잃어버리지 않도록 턱 아래에 묶도록 되어 있었다.

대부분의 전사들은 방패를 갖고 있었는데, 일부 보병들은 원형의 나무방패를 사용했다. 원형방패는 표면이나 뒷면에 가죽을 대어놓고 방패 중앙에는 쇠로 된 돌출부를 대갈못으로 고정시켜 놓은 형태이다. 방패 가장자리는 철 조각이나 가죽 조각들을 둘렀으며 나무 부분은 색칠을 하였다. 전투 도중 방패를 놓치지 않도록 뒷면 가장자리에 대갈못으로 가죽끈을 고정시켜 그 사이에 팔을 끼워 넣도록 만들어놓았다. 그러나 기동성이 필요한 기병들이나 일부 보병들은 위가 둥글며 아래 부분은 좁아지는 연 모양의 방패를 들었다. 이 방패는 상하 방향으로 길이가 길었기에 달리는 기사들은 물론 말의 옆구리를 보호하기에 적합했다. 노르만 병사들이 연 모양의 방패를 들고 있는 모습은 태피스트리에 잘 나타나 있다. 이들 방패의 표면에는 용이나 사자 또는 십자가 등 여러 형태의 문장들이 새겨져 있었다.

노르만 보병이 즐겨 사용하는 무기는 길고 양날이 날카롭게 선 칼이었고, 기사들이 즐겨 쓰는 무기는 창이었다. 창은 길이 8피트(2m 44cm) 정도의 나무막대 끝에 나뭇잎 모양 또는 삼각형의 철 조각이 꽂혀 있는 형태였다. 이 창은 적에게 던져 상처를 입히거나 오른쪽 팔 사이에 끼고 적의 급소를 겨냥하여 찌르는 데 사용한다. 그리고 달려드는 말이나 기사들에 대해서는 그들 앞에 창끝을 세워서 공격이 분산되게 하는 역할도 하였다. 이 창은 헤이스팅스 전투 때 '방패-벽'으로 버티던 헤럴드의 앵글로-색슨군을 와해시키는 데 주도적인 역할을 하였다.

윌리엄의 노르만군을 분석할 때 태피스트리에 보이는 두 가지 깃발도 언급할 필요가 있다. 첫 번째는 반달 모양의 깃발에 갈까마귀가 그려진 것이다. 초기에는 이것이 가톨릭 또는 교황의 깃발이 아닐까 생각하였다. 그러나 갈까마귀가 그려진 경우는 원래 바이킹의 깃발로서, 1066년 잉글랜드 북부 지방으로 침입해 온 호르로데의 것과 동일하였다. 이를 통해 윌리엄이 비록 유럽대륙의 보편적 통치형태인 봉건제도와 기독교 중심주의를 따르고 있지만, 그가 바이킹의 후손이란 정통성을 결코 버리지 않고 있음을 알 수 있다. 태피스트리에 바이킹의 신인 '트롸의 도움(Thor aid!)'이란 단어가 '신의 도움(Dex Aie)'보다 많이 보이는 것도 같은 맥락이다. 태피스트리에 보이는 또 다른 깃발은 볼로냐의 유스타스가 가져온 흰 바탕의 황금 십자가 모양의 깃발인데 이는 교황이 윌리엄에게 하사한 깃발이다. 예외적이지만, 이 깃발을 소지하는 경우 교황의 군사와 동일하게 인정받는 특별한 의미를 갖는다. 바로 이 두 가지 깃발이 앞으로 잉글랜드 왕실의 정통성을 결정해주는 최고의 증거물이라 보아도 될 것이다.

이 밖에 독특한 것으로는 태피스트리에 묘사된 세 가지 형태의 철퇴이다. 하나는 가장자리들이 불룩 나온 철퇴이며, 또 다른 것은 표면에 혹이 나 있는 모양의 것이었다. 이들은 조그마한 것이지만 쇠미늘 갑옷의 유연한 부분을 뚫고 뼈를 부러뜨리기에 충분하였다. 세 번째 것은 윌리엄과 그의 동생 오도가 즐겨 사용하였던 철퇴이다. 그것은 마치 군 장성의 지휘봉

처럼 생겼는데 일반 철퇴와 달리 독특한 모양을 하고 있었다. 이외에도 태피스트리에는 군마가 매우 건장하게 묘사되어 있다. 당시 군마들은 수송마보다 훨씬 조심스레 사육되었다. 전해지는 바로 윌리엄의 말은 품종이 좋기로 유명한 스페인 태생의 검은 말 두 마리이다.

태피스트리에 묘사된 궁병들의 모습을 보면 그들이 활을 쏠 때 사용하는 손가락만 쇠미늘로 보호되고 그 밖에는 전혀 무장되어 있지 않음을 알 수 있다. 그들의 무장이 허술한 것은 전쟁터에서 주로 최후방에 위치하여 활동하기 때문일 것이다. 그들은 나무로 된 '셀프보우'란 활을 주로 사용하는데, 길이는 5.5피트(1m 68cm)에서 6피트(1m 82cm) 정도였다. 셀프보우가 적이 입고 있는 쇠미늘 갑옷을 뚫을 수 있는 유효거리는 100야드(91m) 정도이다. 태피스트리에는 나오지 않고 있지만, 윌리엄은 석궁병도 활용하였다. 이들은 일반 궁병과 비슷한데 단지 석궁을 소지하고 있다는 것이 다르다. 석궁으로 쏜 화살이 적에게 치명상을 입힐 수 있는 거리는 30야드(27m) 정도로서 셀프보우와는 비교도 되지 않지만 정확도는 오히려 그 반대이다. 화살은 길이가 짧고 나무살 앞쪽에 쇠촉이 달린 것이 보통이다.

마지막으로 헤이스팅스 전투에 참가한 노르만군의 규모는 어떠했을까? 웨이스와 같은 연대기 작가는 노르만군이 696척의 배로 해협을 건넜다고 한다. 그러나 여타 말과 전투장비를 위해서는 추측할 수 없는 많은 배가 더 이용되었으리라 한다.

원정군의 수는 1만여 명으로 기록하고 있는데, 이 중 선원이나 요리사, 종자 등 비전투원을 빼면 7,500여 명이다. 이를 기능별로 분석해보면 2,000여 명이 기병이며 4,000여 명이 중장보병, 그리고 1,500여 명이 궁병 및 석궁병이다.

헤럴드의 앵글로-색슨군

헤이스팅스 전투가 있을 즈음 앵글로-색슨군은 '하우스칼(housecals)'이라 불린 왕의 개인적인 직업군, 중간계층으로 왕의 직속군인 '테인(thegns)', 앵글로-색슨군의 주력군인 평민계층의 '퓌르드(fyrd)'로 나뉘어 구성되어 있었다. 왕을 보호하던 하우스칼은 주군을 위해 죽을 준비가 되어 있는 보디가드와 같은 존재들이다. 하우스칼 전통은 1018년 데인계 왕인 크누트로부터 시작되었다는 설이 있다. 크누트는 왕이 된 후 자신과 함께 온 데인군 중 3,000-4,000명 정도의 근위군만 남겨놓고, 40척으로 옮길 수 있는 정규군들은 모두 고국으로 돌려보냈다. 이렇게 남은 근위군은 최고의 무기를 사용하고 강도 높은 훈련을 받은 자들로 하우스칼과 연관성이 있어 보인다. 그러나 사실 크누트의 근위군은 하우스칼과 아무런 관련이 없다. 만약 하우스칼이 근위군이었다면 1051년 에드워드와 고드윈 집안의 싸움 때 에드워드를 위한 이들의 활약이 없던 이유는 무엇인가? 그 답은 하우스칼은 왕에게 충성하는 근위군과 달리 임금을 받고 주인을 보호하는 잘 훈련된 용병들이란 점이다. 이들은 주로 왕실근위 임무를 수행하는 것 외에 전략적으로 중요한 하구를 지키거나 또는 요새 수비대 요원으로 활동한다.

토지를 대가로 왕의 직속으로 군복무를 하는 테인의 경우는 게르만의 전통적 종사제도를 따르고 있다. 카이사르의『갈리아 전기』를 보면 종사제도는 약탈 원정을 나설 때마다 맺어지고 원정의 종료와 함께 해소되는 일시적 주종관계로 묘사되고 있다. 이것은 게르만시대에 들어서면 키비타스의 수장 및 권력자들 주위에서 전시나 평시 모두 지속하는 장기적인 주종관계로 발전하였다. 종사의 자격은 자유민인 미성년자에 한정되고, 그 지위는 명예로운 것으로 여겨졌다. 이들은 대개 주인집에 기거하면서 무예를 연마하고, 주인으로부터는 무기·말·식사 등을 제공받았다. 그리고 성년이 되어 가정을 가지면 주인으로부터 독립했다.

앵글로-색슨군의 주력군인 퓌르드는 게르만의 전통인 종사제도와 징세제도가 함께 적용되어 만들어진 10세기 말의 군사적 봉사체제에 기인한다. 이 체제에 의하면 국가가 요청할 시 5하이드 이상의 토지를 소유한 자유농가는 한 명의 장정과 장비를 의무적으로 제공하여야 했다. 자유농이 소유할 수 있는 최소한의 토지는 5하이드이다. 원래 하이드당 4실링을 정기적인 세금으로 내는 것이 통상적인 관례(데인겔드)였는데, 10세기 말에는 돈 대신 사람과 장비로 바뀐 것이다. 만약 사람을 내보낼 형편이 되지 못하는 곳에서는 40실링을 대신 내야 한다. 권력자가 요청할 시 차출된 이들 평민이 갖추고 나오는 장비와 무기의 정도는 토지 소유자의 지위를 나타내고 있다. 특별히 페번시, 던전스, 샌드위치 등 남동부 해안 도읍들은 선박세 대신 배와 선원들이 차출되었다.

퓌르드는 국내는 물론 필요에 따라서는 해협을 건너가서 자신에게 주어진 역할을 감당하여야 한다. 이들은 군사적 의무도 다하지만 요새축성이나 다리보수 등의 일도 함께 하곤 한다. 전쟁시 퓌르드는 두 달 동안 봉사해야 한다. 데인족과 최후의 혈전이 있던 1016년에는 에드먼드 2세가 다섯 차례나 퓌르드를 소집하였는데, 이때 차출된 평민들은 일년 내내 전투에 참여하는 꼴이었다. 왕이 지휘하는 상황에서 군을 이탈하다 잡힌 병사는 사형에 처해졌다. 그러나 주군을 위해 죽은 병사들은 죽음의 대가로 사망 위로금이 지불되며, 심지어 그의 토지도 후손에게 대대로 계승되었다. 퓌르드는 주(shire)의 구역(districts)단위로 나뉘어 조직되었다.

대부분의 하우스칼과 테인은 이동시에만 말을 탔으며 전투가 시작되면 말에서 내려 보병으로 싸웠다. 하우스칼이 기병 전투방식을 활용하지 않은 것은 전통적으로 보병전투를 즐겨했기 때문이다. 앵글로-색슨군의 주 무기는 노르만의 그것과 거의 같았다. 하우스칼과 테인은 '바이러니스(byrnies)'라 불리는 중세 쇠사슬 갑옷을 착용하였다. 또 태피스트리를 보면 노르만군처럼 연 모양의 방패와 둥근 방패 모두가 앵글로-색슨군의 손에 들려 있는 것을 볼 수 있다. 굳이 노르만군과 다른 점을 찾으라면 도끼일 것이다. 태피스트리에는 두 종류의 도끼가 보이는데, 하나는 날이 4인치(10㎝) 정도의 도끼로서 가벼운 손잡이가 달려 한 손으로도 휘두를 수 있다. 다른 하나는 그들이 즐겨 사용하는 전투용 도끼이다. 이것은 날이 거의 10인치(25㎝) 정도로 넓으며 길이 3피트(90㎝) 정도의 무거운 손잡이가 달려 있다. 이 도끼는 근접 전투시 두 손으로 던져 적을 상하게 하는 것으로, 데인족을 포함한 원시 게르만족이 즐겨 사용하던 무기였다.

태피스트리에 보이는 앵글로–색슨군의 용이 그려진 깃발은 헤럴드가 있는 사령부를 뜻하는 것이다. 이 깃발의 기원은 고대 로마 마리우스 장군의 기병군기에서 비롯되었다. 앵글로–색슨군의 궁병은 그 수가 거의 없는 것이 특징이다. 화살도 노르만 것과 달리 질이 좋지 못하였다. 그러다보니 화살이 떨어지면 노르만군이 쏜 화살을 수거하여 다시 쓰는 웃지 못할 해프닝이 벌어지곤 했다. 한편 노르만군과 달리 투석기병이 보이는 것이 좀 특이하다. 헤럴드의 전투병력은 8,000여 명으로 윌리엄의 7,500여 명보다 조금 많았다. 이들 전투병 중 6,500명 정도가 퓌르드이며 나머지는 하우스칼과 테인이다.

양국의 전쟁 준비와 진행 과정

윌리엄의 침략 준비

연대기 작가인 웨이스의 표현에 의하면 윌리엄은 사냥터에서 헤럴드의 대관식 소식을 들었다고 한다. 그는 즉시 헤럴드 즉위의 부당함을 적어 잉글랜드로 사신을 파견하였다. 동시에 헤럴드에게 보낸 편지와 동일한 것을 힐데브란트(후에 '서임권 투쟁'의 주인공인 그레고리우스 7세가 됨) 수사를 통해 교황 알렉산더 2세에게 전달하였다. 이렇듯 윌리엄은 당시의 사태를 이성적, 논리적으로 접근하고 있었다. 윌리엄은 당시 교황이 잉글랜드 왕실을 곱지 않은 시선으로 바라보고 있음을 파악한 것이다.

당시 잉글랜드에서는 에드워드가 임명했던 노르만 출신 대주교가 축출되고 고드윈 집안 측근 인물인 스티건드가 대주교로 임명되었는데, 교황은 이를 못마땅하게 여기고 있었다. 말을 바꾸자면 교황은 윌리엄의 사정을 듣고 이번 기회에 잉글랜드의 교회를 재정비해야 한다는 자신의 뜻을 담아 원정의 합리성에 무게를 실어주게 되었다. (이 상황을 야구로 비유하자면 윌리엄이 안타를 친 것에 해당된다.) 교황 알렉산더 2세는 교황 깃발과 베드로 성자의 모발이 담긴 반지를 윌리엄에게 보냈다. 웨이스에 의하면 윌리엄은 그 반지를 전쟁 내내 목걸이로 만들어 걸고 다녔다 한다. 이로써 윌리엄은 잉글랜드 원정의 확실한 명분을 얻게 된 것이다.

윌리엄이 통치하는 노르망디 주변에는 프랑스를 비롯하여 많은 공국들이 있다. 이들은 노르망디가 약해지면 언제든지 침공이나 간섭을 해올 수 있는 지역들이다. 그 중 가장 신경이 쓰이는 프랑스의 앙리 1세는 1060년에 세상을 떠났으며, 그 뒤를 이은 필립 1세는 다행히 윌리엄의 협력자가 되었다. 필립은 윌리엄의 장인인 플랑드르 볼드윈 백작의 손자이자 윌리엄의 외조카였기 때문이다. 윌리엄의 다른 경계 지역인 앙주도 그곳 백작이 세상을 떠나면서 신경을 쓰지 않아도 되었다. 멘과 브르타뉴는 윌리엄이 정복했으며, 볼로뉴와는 친분관계를 돈독히 하였고, 퐁띠외는 12년간을 봉토를 매개로 한 '신하의 예'를 받게 되었다. 또 로마를 방문한 윌리엄은 그곳에서 신성로마제국 및 스칸디나비아제국과 동맹관계를 맺었다. 이처럼 윌리엄은 잉글랜드로 원정을 떠나기에 앞서 대륙에서의 정치적인 위험요소들을 완전히 제거하는 치밀함을 보였다.

윌리엄은 교황기를 받음으로써 원정의 정당성을 갖게 되자 릴리번에서 원정 준비회의를 열었다. 그곳에 참가한 많은 권력자들은 막상 윌리엄의 잉글랜드 원정이 임박하자, 처음 부딪치게 되는 섬나라에 대한 막연한 두려움이 교차되면서 부정적인 시각들을 보였다. 대체적인 의견을 종합해보면 "봉건적 책무로 보자면 외국에까지 가서 봉사할 필요가 없지 않는가"라는 것이었다.

이 회의에서 윌리엄은 "함께 가서 승리합시다. 그곳에서 획득하게 되는 땅들에 대해서는 여러분들에게 우선적으로 해택이 돌아가도록 할 것이오"라면서 그들을 설득하였다. 그러나 윌리엄의 설득에도 불구하고 결론이 나지 않아, 얼마 뒤 캉에서 회의가 다시 개최되어 이 문제를 논의하게 되었다. 재미있는 사실은 캉에서 열린 회의와 같은 시기에 공교롭게도 긴 꼬리를 가진 핼리혜성이 일주일 동안 하늘에 나타나는 천체 쇼가 연출되었다는 것이다. 이를 원정의 성공을 예견해준다는 쪽으로 생각한 회의 참석자들은 윌리엄을 지원해주기로 결정을 내리게 되었다. 이렇게 원정의 마지막 걸림돌이 제거되자, 본격적으로 원정에 필요한 배들을 건조하게 되었다. 그 중 일부 선박은 수송용보다는 자신의 선조들인 바이킹의 선박 제조 기술을 활용하여 공격용 전함으로 만드는 등 치밀한 준비를 하였다.

헤럴드의 방어 준비

노르망디에서 윌리엄의 원정 준비는 잉글랜드에 있던 헤럴드에게 적잖은 부담감을 주었다. 그는 나름대로 군사들을 소집하고 얼마간의 준비는 하였지만 눈에 보이는 이동은 자제하고 있었다. 그러나 1066년 5월에 접어들자 군을 이동하지 않을 수 없는 중요한 사건이 발생하였다. 헤럴드의 동생인 토스티그가 5월에 60여 척의 전함을 이끌고 와이트 섬 외각에 나타난 것이다. 토스티그는 노섬브리아 영주였는데, 1065년 자기 영지에서 반란이 일어났을 때 헤럴드가 반란 세력의 편에 서서 토스티그의 백작령을 이웃 머시아에 편입시킨 일이 있었다. 이로써 헤럴드와 토스티그는 등을 돌리게 되었으며 토스티그는 추방당하여 이후 처가인 플랑드르에서 머물고 있었다.

와이트 섬에 나타난 토스티그는 런던에 달려갈 수 있는 남쪽 해안에 상륙을 하였으며 인근 도읍들을 점령하고 그곳에서 전투인원과 물자들을 추가로 확보하고 있었다. 이 소식을 들은 헤럴드는 자신의 군을 움직이기 시작하였고, 토스티그도 싸네트 섬으로 이동하여 일전을 준비하게 되었다. 그러나 토스티그 주변 참모들로부터 헤럴드와의 전투는 무모할 뿐이므로 새로운 전략이 필요하다는 충고가 잇따르게 되었다. 가장 설득력 있는 제안은 "헤럴드의 왕권에 불만을 품고 있는 노르웨이의 호로로데와 동맹을 맺은 후 그를 제거하는 편이 좋다"

는 것이었다. 물론 노르망디의 윌리엄과의 결합 제의도 들어왔다. 토스티그는 현 상황을 냉정히 볼 필요가 있다고 판단한 후 일단 헤럴드의 앵글로-색슨군과 부딪치지 않는 쪽으로 생각을 굳히게 되었다.

결정을 내린 토스티그는 급히 싸네트 섬을 빠져나와 동쪽 해안을 따라 북으로 전함들을 이동시켰다. 이때 노섬브리아의 현 영주가 토스티그의 이동을 걱정하며 12척의 작은 선박으로 저항을 시도했다. 스코틀랜드의 맬컴 왕 역시 토스티그 군의 이동에 곱지 않은 시선을 보내고 있었다. 드디어 토스티그는 노르웨이의 호르로데와의 동맹만이 최선의 길임을 확신하게 되었고, 사신을 통해 이를 노르웨이로 타전했다.

한편 토스티그군을 물리치기 위해 급파한 앵글로-색슨군은 토스티그의 일방적인 물러남으로 인해 싸움이 없었다. 그러나 헤럴드는 런던으로 군을 돌리지 않고 윌리엄의 침공에 대비하기 위해 와이트 섬을 기점으로 남부 지역에 머물 것을 명령하였다. 헤럴드가 전통적으로 공격보다 방어를 중요 전략으로 생각하다보니 단연코 런던으로 오는 입구인 와이트 섬이 중요할 수밖에 없었다. 헤럴드는 초기에 적을 제압하기 위해 정예군들을 속속 그곳에 보내어 만반의 준비를 하였다.

윌리엄의 노르만 원정군

8월에 접어들면서 디베스(Dives) 강에는 노르만 함대가 그 모습을 드러내기 시작했고 원정 준비가 거의 끝나게 되었다. 웨이스에 의하면 당시 함대는 모두 696척으로 평가되는데, 막상 원정 당일에는 몇 척이 움직였는지 기록이 없다고 한다. 원정이 끝난 뒤의 기록에는 776척이란 숫자가 언급되고 있지만, 아마도 작은 배들을 합한 기록이 아닌가 생각된다. 특히 눈에 띄는 함선은 일반 수송선과 달리 날씬하고 긴 유선형 전함이었다. 이는 분명 전통적인 바이킹의 배였다.

디베스 강 하구에는 200에이커(24만 평 정도)보다 더 넓은 윌리엄 원정군의 진영이 설치되었다. 강의 하구는 잉글랜드 해협에 부는 폭풍으로부터 피해가 가장 작을 수 있는 최적의 자연환경을 갖고 있으며, 적의 침략도 쉽게 발견할 수 있는 곳이었다. 뿐만 아니라 인근 캉으로부터 식량인 옥수수를 쉽게 수송해 올 수 있는 지역이며, 주변의 숲에서 나무를 쉽게 구해서 배를 건조하기에도 적당한 곳이었다. 이곳에 전투병과 전투마, 종자, 선원, 요리사, 대장장이와 푸줏간 가축도살자 등 원정군에 필요한 인원들이 전쟁을 떠날 준비를 하면서 한 달여의 시간을 보내고 있었다. 당시 윌리엄이 이들의 모든 식생활을 책임지고 있어서 1만여 명에 가까운 사람들이 야전생활을 하고 있지만 큰 불만 없이 시간을 보낼 수가 있었다. 그러나 머무는 시간이 길어지면서 점차 상황은 달라지게 되었다. 당시 말에 관한 관리 문제를 놓고 표현한 연대기 기자의 언급을 보면 이를 쉽게 이해할 수 있다.

잉글랜드 원정에 필요한 보급품 이동.

2천 마리나 되는 말들은 하루에 13통의 곡식과 건초를 먹으며 이와는 별도로 말몰이들에 필요한 식사용 땔감과 엄청난 양의 술도 제공이 되어야 한다. 더 큰 문제는 말들의 배설물 처리를 어떻게 하느냐는 것이다.

비록 연대기에는 기록되어 있지 않지만 여름철 질병이 이런 배설물과 비례하여 발생했음은 자명한 사실이다. 이 모든 것이 단지 원정이란 하나의 목표 안에 무던히 무마되고 있던 나날들이었다.

물론 원정 준비 관계로 한 달여의 시간이 지체된 것은 그렇다고 하더라도, 맹렬한 서풍의 영향으로 원정을 떠날 수 없는 상황에서 막연히 더 기다려야만 하는 시간들은 원정군들 사이에 심한 동요를 일으킬 수 있었다. 더군다나 앵글로-색슨군들의 해안 경비가 점차 강해진다는 첩보는 윌리엄을 더욱 초조하게 만들었다. 반대로 헤럴드는 첩보를 접하면서 점차 자신감을 갖게 되었다.

양측의 걸림돌들

토스티그와 그의 반란군이 동남쪽 해안으로 침입을 하자, 헤럴드는 자신의 정예군을 그곳으로 이동시켰다. 그러나 토스티그군이 급히 떠나자 직접적인 부딪침이 없게 되었다. 이 시점에서 헤럴드는 군의 이동에 대한 새로운 결정을 하여야만 했다. 먼저 생각한 것은 노르만군의 침입 소문이 있는 만큼 이를 막기 위해서 계속 남쪽에 자신의 거점을 두는 것이다. 또 하나는 노르웨이의 호르로데의 북부로의 침입 가능성이 있는 만큼 런던 쪽으로 군을 복귀시켜 혹시 일어날 수 있는 사태에 대응하는 것이다. 두 갈림길에서 헤럴드의 결정은 윌리엄을 더 의식해 잉글랜드로 들어오는 관문일 수 있는 와이트 섬에 근거지를 마련하는 것이었다. 그리고 북쪽으로는 에드윈과 모카 백작이 이끄는 앵글로-색슨군을 보내었다.

『앵글로-색슨 연대기』에 의하면 와이트 섬에 거점을 마련한 헤럴드는 몇 단계의 방어 시스템을 가동하여 느닷없이 들어 닥칠지 모를 노르만 함대를 대비한 경계를 늦추지 않았다고 한다. 그 중 헤럴드가 가장 신경을 쓴 부분은 두 달 동안 의무적으로 군사적 봉사를 하는 퓌르드를 마냥 붙들고 있을 수만은 없다는 점이었다. 두 달이 되면 새로운 퓌르드로 교체해야 하는데, 이를 위해 런던으로 군사를 되돌려 보냈을 때 공교롭게도 윌리엄군이 침입한다면 어떻게 해야 하는가가 문제였다.

그런 헤럴드의 걱정은 9월 8일, 현실이 되었다. 이미 두 달을 넘기면서까지 퓌르드를 설득하며 와이트 섬에서 버틴 헤럴드지만, 막상 적의 움직임이 없자 퓌르드의 사기는 떨어질 대로 떨어졌다. 그러던 어느 날 서풍이 줄어들고 바다의 물결도 잠잠해지자 왕은 항해가 가능하다고 판단, 군사들을 배에 실어 런던으로 이동시켜 빠르게 교체하려는 즉석명령을 내렸다. 그러나 악천후가 계속되던 바닷길을 통해 이동한다는 것은 무리한 결정이었다. 헤럴드의 명령으로 군사를 싣고 이동하던 배들 중 몇 척이 좌초되는 불상사가 생겼다. 헤럴드는 이런 상황을 접하면서도 '어차피 퓌르드를 교체해야 한다면 빨리 해야 한다'는 생각에 항해를 강행하였다. 헤럴드의 결정은 분명 영국 해협 방어에 공백이 생기는 큰 도박이었다.

노르만 원정군은 원래 디베스 강에 진을 치고 있었으며, 남풍을 타고 와이트 섬을 거쳐 공격을 시도하려 하였다. 그러나 생각 외로 파도가 너무 높았고 8월 4~5일에 출발한 일부 함선들이 해안을 얼마 벗어나지 않아 좌초되는 불미한 사건을 겪게 되었다. 이후 윌리엄은 상륙지점을 와이트 섬이 아닌 페번시나 헤이스팅스로 생각하고 이곳과 가까운 솜 강 하구로 이동하려 하였다. 솜과 페번시는 아주 가까운 거리에 위치하기에 파도만 잠잠해준다면 빠른 시간 내 건널 가능성도 있었다. 물론 플랑드르의 볼로뉴 지역이 잉글랜드의 도버와 무척 가까워 잉글랜드로 넘어가는 가장 단거리에 해당된다. 그러나 이곳은 노르망디 영역이 아니기에 불가능하고, 그 차선지로 바로 노르망디의 봉건영지인 퐁띠외 백작령의 솜 강 유역이 결정된 것이다. 그러나 윌리엄이 막상 이곳에서 이동하려 할 때의 상황은 그가 원했던 것과는 맞아떨어지지 않았다. 문제는 계속되는 서풍과 높은 파고(波高)였다. 윌리엄은 자칫 모든 기회를 놓칠지도 모른다는 생각을 하게 되었다. 그러던 중 9월 12일 이른 새벽부터 바람의 세기가 약해지면서 파고마저 잠잠해지는 절호의 기회가 왔다. 윌리엄은 주저 없이 명령을 내렸고 드디어 새벽 3-4시에 이동이 시작되었다.

그러나 이동이 순탄한 것만은 아니었다. 대륙과 섬 사이의 해협이 지형상 좁아지는 지역이다보니 급물살을 이루는 곳이 생겨나 원정함대의 일부가 좌초되었다. 함대는 이틀여의 시간을 헤매다가 간신히 솜 강 하구인 생발레리에 들어가게 되었다. 기병이 사용할 말들을 상륙시킬 방법을 찾느라 고생을 하였지만 큰 피해는 없이 잉글랜드 원정의 첫 단계는 성공하게 되었다.

토스티그와 노르웨이 연합군의 침략

헤럴드는 윌리엄의 침략 가능성을 일 순위에 놓고 있었다. 그러나 공교롭게도 잉글랜드로의 본격적인 침략은 토스티그와 동맹을 맺은 호르로데로부터 시작되었다. 호르로데는 북해를 가로질러 300-500여 척의 함선을 이끌고 잉글랜드 중동부 지역에 나타났다. 타인 지역에서 토스티그의 함선 12척과 합

류한 호르로데 함대는 해안선을 따라 점차 남쪽으로 이동하면서 상륙지점을 요크로 결정하였다. 이렇게 하여 상륙한 호르로데와 토스티그 연합군은 요크의 외각 10마일 즈음에 있는 리콜에 군영을 설치한 후 요크 공격을 준비하였다.

요크의 관문이라 할 수 있는 풀포드에는 이미 헤럴드에 의해 파견된 에드윈 백작과 모카 백작이 방어를 하고 있었다. 당시 양쪽의 군사 수에 대한 기록은 보이지 않지만 아마도 양쪽을 합하여 5천에서 6천 명 정도였던 것 같다. 9월 20일 두 진영은 처음으로 전투를 치렀다. 이 전투에 관해서는 아이슬랜드 출신 시인인 스노리(Snorri)가 표현하고 있다. 요크를 끼고 흐르는 험버 강을 중심선으로 해서 노르웨이 연합군은 왼쪽 편에, 그리고 오른쪽에는 앵글로-색슨군이 진을 치고 전투를 준비하였다. 막상 전투가 시작되자, 앵글로-색슨군이 노르웨이 연합군의 허약한 쪽을 치면서 진영 깊숙이까지 전진하였다. 이때까지 지켜보고 있던 호르로데는 자신의 정예부대를 공격중인 앵글로-색슨군의 후미에 투입하여 전세를 역전시켰다. 앵글로-색슨군에 많은 사상자가 나고 지휘하던 에드윈 백작과 모카 백작도 후퇴하게 되었다. 후퇴한 앵글로-색슨군은 북쪽 지역 귀족들에게 군사지원을 요청하였다. 그러나 그들의 대답은 없었다. 이 사이에 노르웨이 연합군은 요크로 들어가 항복을 받아내었다.

헤럴드가 노르웨이 연합군의 침략에 관한 소식을 접한 것은 9월 8일 퓌르드의 교체명령을 내린 후 런던으로 향하던 때였다. 헤럴드는 북쪽의 사태가 심각함을 깨닫고 런던에 돌아가 와이트 섬에서 온 병력을 새 병력과 교체한 후, 직접 이들을 이끌고 북쪽으로 향하였다. 헤럴드는 옛 로마길을 통해 진군하였는데 런던에서 190마일 정도를 5일 만에 진군하여, 9월 24일 요크 외각인 태드카스터에 도착하였다. 도착한 밤 동안 잠깐 휴식을 취한 헤럴드군은 25일 아침에 노르웨이 연합군이 점령하고 있던 요크로 진군하였다. 당시 호르로데 정예군은 앵글로-색슨군이 그렇게 가까이 와 있는지를 눈치채지 못한 상황에서 요크로부터 8마일 외각 지역인 스탬퍼드 다리 근처에 군영을 치고 있었다. 그날따라 날씨가 좋아서 호르로데군들은 장비와 무기를 풀어헤쳐놓고 휴식을 취하고 있었다. 그때 멀리 나타난 앵글로-색슨군은 마치 그들에게 먼지구름처럼 보였다. 그 먼지구름을 멍하니 바라보던 연합군은 얼마 후 그것이 바로 앵글로-색슨군들이란 것을 알아차렸다.

갑작스레 당한 기습에 호르로데군은 전투 준비를 거의 못하고 우왕좌왕하였다. 호르로데는 급하게 전투대열을 갖추면서 리콜에 정박해 있던 함선에 지원을 요청하였다. 그리고 자연 방어막을 갖기 위해 현 군영에서 강을 낀 반대쪽으로 군영을 급히 옮기면서 전투를 준비하였다. 그 사이에 헤럴드의 앵글로-색슨군이 반대편 강 끝에 다다르게 되었다. 두 진영 사이에는 400야드 정도의 나무다리가 있었다. 이곳은 너무 좁아서 많은 군사가 넘어갈 수가 없기 때문에 쉽게 전투가 벌어질 수 없었다. 이런 이유로 전투는 잠시 소강상태가 될 수밖에 없었다.

한편 호르로데는 원형으로 방어진을 치고 전투를 준비하였다. 그가 방어진을 치던 중 자신의 검은 말 위에서 중심을 잃고 떨어지는 일이 발생했다. 그는 곧 몸을 가다듬은 후 부하들이 보는 앞에서 "낙마한 것은 여행자에게 행운이야!"라고 소리지르듯 혼잣말을 하고 애써 대담한 모습을 보였다. (그러나 낙마는 분명 불행을 예견한 것이었다.) 한편 전투가 시작되기 얼마 전, 일단의 무리가 잉글랜드 군영으로부터 넘어왔다. 이들은 토스티그가 다스리던 노섬브리아 영지의 토호 귀족들이었다. 호르로데와 함께 방어진을 만들기 위해 진두지휘하던 토스티그는 이들을 매우 기쁘게 맞으면서 승리를 장담하였다.

전투가 시작되자 헤럴드는 하우스칼을 선두에 세우고 던지는 창으로 강한 공격을 하며 일단 적의 진영을 흩어놓았다. 이어서 근접전을 벌였는데 이때 호르로데는 그의 호흡기관에 창살이 박히는 치명적인 상처를 입었다. 노르웨이 군사들은 이를 보고 분노에 찬 광포한 자들처럼 괴성을 지르며 싸움에 임했다. 앵글로-색슨군은 잠시 주춤할 수밖에 없었다. 그러나 노르웨이군의 공격이 전략적이라기보다는 감정적이다보니 이들의 붕괴는 생각보다 쉽게 찾아오게 되었다. 앵글로-색슨군은 막무가내로 돌격하는 노르웨이군의 취약한 부분을 노렸는데, 그것은 주로 입고 있는 갑옷 사이의 틈으로 창을 밀어 넣어 상처를 내는 것이었다. 그 와중에 이미 깊은 상처를 입었던 호르로데는 물론이고 토스티그마저 죽었다. 육지에서의 전투는 이렇게 끝을 맺었고 리콜에 정박되어 있던 배에 머물던 호르로데의 아들 오라프는 부친이 전투에서 희생되었다는 소식을 접하자 24척의 배만으로 도주하다시피 바다로 빠져나가게 되었다.

전투는 헤럴드 쪽에도 엄청난 사상자를 내었지만 결국 그의 승리로 끝났다. 이제 헤럴드는 전투의 손실을 최소한 줄이고 빨리 남쪽으로 군사를 돌려야 한다는 생각을 하게 된다. 그러나 그가 이 생각을 실천하기 전인 10월 1일에 남쪽으로부터 비보가 올라왔다. 헤럴드가 그렇게 우려하던 윌리엄이 서섹스 지방에 군을 상륙시키고 런던으로 향하기 위한 이동을 시작하였다는 내용이었다.

윌리엄의 잉글랜드 상륙

9월 27일 이른 새벽에 윌리엄의 함대가 움직이기 시작했다. 함대의 목적지인 페번시까지는 솜에서 바닷길로 56마일 지점이다. 윌리엄은 그의 아내가 준 선물인 자신의 배 모라(Mora) 호를 타고 함대를 지휘하였다. 모라 호의 뱃머리 장식은 상아 나팔을 불고 있는 소년의 형상이었고, 돛대의 꼭대기에는 길 안내용 램프가 매달려 있었다. 출발 신호가 있자 모든 배들은 칠흑 같은 어둠 속에서 서로의 충돌을 피하기 위해 등불을 밝

영국 해협을 넘어가는 윌리엄의 배 모라 호.

히고 대열을 맞추어 단계별로 출발하였다. 모라 호는 속도가 좋다보니 다른 배들을 뒤로하고 앞서 달리기 시작했다. 해뜰 무렵 윌리엄이 탄 모라 호는 해협에 홀로 떠 있게 되었다. 그는 배 안의 부하들이 함대에서 이탈한 자신들을 발견하고 당황할까봐 태연스레 "아침을 먹기 위해 항해를 잠시 멈추라"고 하였다. 그리고 마치 자신의 왕궁에 있는 침실에서처럼 아침 식사에 와인을 곁들여 먹었다. 그는 자신의 함대가 나타나기까지 이렇게 재치를 발휘하여 시간을 보냈다. 얼마 뒤 그를 따라잡은 함대와 함께 윌리엄은 다시 서섹스 해안으로 질주해가기 시작하였다.

1066년 당시 페번시 항만은 자갈 퇴적에 의해 자연스레 바다로부터 분리된, 조수간만의 차가 심한 갯벌이었다. 썰물로 해수면이 낮아지면 진흙 평저선이 나타나 해안도로로 연결이 되고, 항만의 서쪽으로는 갯벌에 돌출한 조그만 반도가 형성되는데, 그 뒤쪽에는 배를 대기에 좋은 항구가 있었다. 여기서

3마일쯤 되는 지역에는 로마제국에 의해 건설된 '안드리다'라 불리는 돌로 축성된 요새가 있다. 1066년 당시 이 요새의 일부는 이미 파괴되어 있었다. 그리고 요새 뒤로는 페번시라는 조그만 해안 마을이 형성되어 있다.

노르만 함대가 페번시 부근 해상에 나타났을 때는 27일 오후 3시 20분경으로 해안은 밀물로 물이 불어 있었다. 그들은 상륙을 하기 위해 썰물 때까지 기다려야 했는데, 오후 5시경부터 시작되는 썰물은 7시경에야 끝이 났다. 그러나 이때는 이미 밤이 되어 상륙이 불가능했다. 그들은 어쩔 수 없이 적에게 발견될 수 있다는 걱정을 안고 바다에서 초조한 시간을 보냈고, 이튿날 아침 9시경에야 첫 번째 노르만 함선을 해안 가까이에 접근시켰다. 사실 함선이 육지에 가깝게 들어가는 것은 결코 쉽지 않았다. 자칫 욕심을 내다가는 물길이 빠진 진흙 땅에 배 밑창이 닿아 배가 움직이지 못하는 사태가 올 수도 있기 때문이다. 그럼에도 불구하고 이곳에 병참 군영지를 세우려는 윌리엄은 반드시 말과 병력을 상륙시켜야 했다.

상륙은 시작되었다. 배가 워낙 크다보니 완전히 해안으로 들어오지도 못한 상태에서 병력이 배에서 뛰어내려 얕은 물에 발을 담근 상태로 뭍으로 걸어 나가야 했는데, 이때 적의 기습도 동시에 예상해야 했다. 이런 상황에서 궁수들이 먼저 활을 단단히 둘러메고 배에서 뛰어내려 뭍으로 나왔다. 이들은 혹시 있을지 모를 적들의 출현에 대비하여 뒤에 내리는 병력을 보호하였다. 궁수들에 이어 중무장한 기사들이 배에서 내려선

다음 궁수들이 지키는 반대편에서 방어 태세를 취하였다. 많은 연대기 작가들이 윌리엄의 상륙 장면을 묘사하였는데, 그는 많은 기사들에 둘러싸인 가운데 잉글랜드 해안에 발을 디

페번시에 상륙하는 모습.

딘 것으로 표현되고 있다. 한편 말들도 모두 얕은 쪽을 통해 뛰어내리게 하여 무사히 뭍으로 이동하게 되었다.

다행히 적의 출현 없이 상륙한 노르만군은 혹시나 모를 공격을 대비하여 주변 개천이나 삼림과 이어지는 통로들을 차단하고 황폐되어 있던 로마 요새를 상륙거점으로 강화하였다. 모든 것이 재정비되자, 윌리엄은 헤이스팅스 해안선을 따라 동북쪽으로 이동할 준비를 하였다. 한편 이동 준비가 진행되는 동안 윌리엄은 25명의 기사들과 함께 상륙지점을 벗어나 사라진 두 척의 함선을 수색하기도 하였는데 결국 찾는 데 실패하였다. 당시 상황을 추측해보면, 그 배들은 윌리엄의 상륙지점보다 훨씬 위쪽으로 떠내려가 올드 로미에 겨우 상륙했다가 그곳 주민들의 공격으로 몰살당했을 것으로 보인다. 윌리엄의 상륙지점에서 올드 로미로 향하는 통로는 진흙뿐이며 거리도 26마일이나 되었기에 그들을 구하는 작전이 실패했을 것이다.

모든 길은 헤이스팅스로

　우여곡절 끝에 상륙에 성공한 윌리엄과 노르만군은 해안 근처에서 하루를 쉬고 29일에 헤이스팅스로 행군을 시작하였다. 헤이스팅스로 방향을 정한 윌리엄의 의도는 도버로 나 있는 길을 지나 런던으로 들어가려는 것이었음에 분명하다. 왜냐하면 도버에 이르는 치체스터로 통하는 길의 시작점이 페번시였기 때문이다. 한편 헤이스팅스는 반도의 형태인데 전 지역이 적들이 진입하기 어려운 천혜의 안전지대였다. 헤이스팅스의 서쪽은 갯벌이었고 동쪽은 샛강들이 흐르는 늪 계곡이었다. 그리고 그 샛강들을 끼고 북쪽으로는 삼림 지대가 둘러져 있다. 그러나 윌리엄이 이곳 헤이스팅스로 가야 하는 진짜 이유는 수송에 가장 필요한 옛 로마 도로가 헤이스팅스 북동쪽 숲 근처를 지나고 있기 때문이다. 사실 윌리엄이 정예기병을 이끌고 샛길인 로체스터를 통해 런던으로 직접 가는 방법도 있었다. 그러나 혹여 런던 부근에서 장기전에 들어가면 윌리엄군은 지원물자들과 지원병력이 부족해 런던 중심부를 장악할 수 없다. 결국 윌리엄은 헤이스팅스를 장악하여 노르망디로부터의 보급이 원활하도록 하고, 이곳 근처에 나 있는 보급로인 로마 길을 통해 물자를 최단 시일에 전투병력에게 공급시킬 수 있는 길을 확보하려 한 것이다. 이것은 대단히 중요한 전략적 사항이었다.

　사실 윌리엄은 헤이스팅스로 진군하면서 헤이스팅스를 지

나칠 것인지 아니면 쉴 것인지 여부에 대하여 망설였었다. 당시 헤럴드가 런던에 들어왔지만 군사를 재정비하지 못한 상황이므로, 단시간 내 병사를 이동시켜 직접 런던을 공략한다면 승산이 있다는 생각을 하였기 때문이다. 이런 갈등을 정리하고 윌리엄이 헤이스팅스에 머물게 된 것은 측근 참모의 간곡한 진언 때문이었다.

"헤럴드의 앵글로-색슨군은 이미 북쪽에서 전력을 소모했습니다."

"그래서⋯⋯."

"저희가 불필요한 전투를 굳이 피하고 전력을 강화시켜 놓는다면 언젠가 부딪쳐야 할 저들과의 일전 때 분명 승리를 낙관할 수 있을 겁니다. 저들은 옵니다. 그러니 헤이스팅스에서 기다리십시오."

윌리엄이 발끈 화를 내며 말했다.

"나를 비겁자로 만들려는가? 여기까지 온 나의 강력한 병사들이 힘이 빠진 저들과의 싸움에서 이길 수 없다는 것이 말이 되는가? 물러가 있으라."

그러나 신중한 성격의 소유자인 윌리엄은 참모의 책략에 대해 곰곰이 생각한 후, 이를 긍정적으로 받아들여 결국은 머무는 것을 선택하였다. 그러나 그가 헤이스팅스에 머물게 된 주된 이유는 참모의 조언도 있었지만, 사실은 그동안 막연히 생각했던 점들을 정리했기 때문이다. 헤이스팅스는 윌리엄뿐만 아니라 헤럴드군의 함선이 이곳으로 들어온다 해도 이용해야 하는 천연요새이다. 즉, 이곳을 장악하는 것은 육로보다 해로를 통해 다량의 물자를 이동시키는 그 보급로를 차단하는 효과가 있다는 말이다. 또 헤럴드가 다혈질 성격의 소유자이므로 서로 방어진지를 놓고 대치할 때 우연찮은 허점이 드러날 수 있다는 판단에까지 윌리엄의 생각이 미쳤던 것이다.

이즈음 헤럴드는 10월 1일 윌리엄의 상륙소식을 접하고 쉴 시간조차 없이 부하들을 재촉하여 남으로 내려왔다. 병사들을 재촉하여 5일 만에 런던에 들어오던 순간 헤럴드는 군을 재정비하고 병력도 새롭게 할 것이란 생각으로 가슴이 부풀어 있었다. 그러나 런던에서의 그에 대한 반응은 생각보다 차가웠다. 심지어 즉위 때 언급되던 "에드워드는 죽음 직전에 정신없이 헤럴드를 왕위 계승자로 지목한 것이다"란 표현이 다시 통치 지도부의 입에 오르내리게 되었다. 이런 표현들과 함께, 런던 자체 내에서는 내분의 조짐마저 보였다. 헤럴드는 "내 백성들과 피를 보기 싫다"고 하면서 자신부터 자제해 내분을 무마시켰다. 그런 와중에 헤럴드는 새로운 군사로 현재의 군을 교체할 수가 없게 되었다. 결국 그는 부하들에게 "우리들은 북쪽에서 승리한 것처럼 침략자인 노르만군과 윌리엄도 물리칠 수 있다"라는 호소 조의 연설을 하면서, 자신이 통솔하는 군을 재정비하며 5~6일을 더 런던에서 머물렀다. 10월 11일경, 아직 군을 자신의 통제권 속에 완전히 정비하지 못한 상태이지만 윌리엄의 움직임에 관한 첩보에 다급해진 헤럴드는 급히 군을 이동시켰다. 왜냐하면 그는 시간을 끌면 끌수록 윌리엄이 이끄는 노르만군의 사기가 높아지고 자신의 부하들은 동요하게 된다는 생각을 했기 때문이다.

헤럴드는 50여 마일을 행군하여 10월 13일에 헤이스팅스의 북쪽 숲이 만나는 곳에 있는 컬드벡(caldbec) 언덕의 '늙은 사과나무'가 서 있는 능선까지 도달하였다. 이 언덕은 헤이스팅스로부터 8마일 떨어진 곳으로 런던으로 향하는 로체스터, 도버 등 모든 길이 만나는 교통의 요지였다. 헤럴드는 이곳에서 얼마 떨어지지 않은 곳에 윌리엄의 군영이 있다는 소식을 접했다. 만약 북쪽에서의 전투가 없었던 상황이라면 헤럴드는 밤에 기습공격을 감행했을 것이다. 그러나 자신의 부하들은 지쳐 있었기에, 가능한 한 시간을 벌면서 결정적일 때 승리를 위한 전투를 하겠다고 생각하고 기습공격을 택하지 않았다.

헤이스팅스 7마일 지점에까지 나가 있던 윌리엄군의 정찰병들은 헤럴드가 남으로 이동해 오는 소식을 시시각각 윌리엄에게 급보로 띄웠다. 윌리엄은 전투의 임박함을 의식하고 진영에 있는 군사들에게 무장 대기할 것을 명령하였다. 그리고 성직자들에 의한 군사들의 고해성사가 있는 밤 시간에도 혹시 모를 기습에 대비하여 무장한 채로 밤을 보냈다. 이제 대륙과 섬이 만나는 역사적인 헤이스팅스 전투는 시시각각 현실로 다가오고 있었다.

헤이스팅스 전투

양측의 전투대형

1066년 10월 14일 토요일, 6시 48분에 동녘에 해가 떴다. 윌리엄은 방어보다는 공격을 해야겠다고 결심하고, 헤럴드와 직접 맞대면할 수 있는 탁 트인 전쟁터를 찾으려 이동을 시작하였다. 윌리엄은 군에 이동명령을 내려 로마 길을 따라 군영 쪽으로 전진하게 하였다. 그러던 중 블랙호스라 불리는 언덕에서 정지명령을 내리고 군사들에게 무기를 준비시켰다. 물론 그도 이곳에서 호벽(쇠미늘 갑옷)을 입었다. 이곳은 양 군영 사이에 800야드 정도의 거리를 두고 있는 지점이었다. 그 시간에 앵글로-색슨 정찰병들도 헤럴드에게 윌리엄의 이동을 급히 전하였다.

헤럴드가 머물고 있는 컬드벡 언덕은 런던 쪽 길이 있는 능선이고, 헤이스팅스 길 쪽은 텔햄 언덕으로 이어져 있었다. 그리고 완만한 경사를 지닌 양 언덕 아래로 평지 계곡들이 놓여 있는데 늪지를 낀 물길들이 보였다. 헤럴드는 런던 쪽 언덕길을 장악하고 있었는데, 그 아래 동쪽과 동남쪽은 경작지이지만 이어지는 능선의 경사가 7도 정도이며 그 밑은 늪지였다. 서쪽은 완만한 경사로 이루어졌지만 덤불이 무성하였다. 이런 지형은 오직 길 방향이 아니면 공격하기가 무척 어려운, 방어로서는 최적의 지역이었다. 반대로 윌리엄이 최전방으로 삼은 헤이스팅스 쪽 텔햄 언덕은 완만하고 주변이 트여 있는 능선으로 방어보다는 공격을 하기 좋은 장소였다.

전투에 임하는 두 진영의 입장은 이런 지형과도 무척 연관이 있어 보인다. 런던으로 가는 길을 막아야 하는 입장에서는 컬드벡 언덕의 자연 방어막이 너무나 고마운 입장이었다. 반면 반드시 런던으로의 길을 열어야 하는 윌리엄에게는 공격하기 좋은 텔햄 언덕이 적격이었다. 뿐만 아니라 기병을 주축으로 하는 공격을 준비한 윌리엄이기에 이런 트인 지형이 더욱 마음에 들었다. 이제 두 지휘관은 각각의 전쟁터 환경을 고려하면서 전투에 임할 군사들을 배치하기 시작하였다.

헤럴드는 전통적인 게르만 방어책인 '방패-벽' 전략을 썼다. 방패-벽에 대해서는 10세기에 있었던 몰던 전투에 관한 시에 표현되고 있으며 태피스트리에도 그 모습이 나타나 있

헤럴드군의 방패-벽.

다. 방패-벽이란 촘촘히 선 군사들이 서로 팔을 교차하여 옆 사람의 방패를 잡는 것인데, 이렇게 되면 서로 옷감을 짜듯 얽히게 되어 방패를 놓치거나 틈이 생길 우려가 줄어들게 되는 것이다. 또 필요에 따라서는 방패를 서로 두들기면서 큰 소리로 '신성한 십자가(Oli-Crosse)' '전능하신 신(Godemite)'이란 구호를 외치는데, 이는 덤벼드는 적들에게 천둥소리처럼 들리게 되어 교란책으로 적절하게 사용되기도 한다. 헤럴드는 바로 이런 방패-벽으로 전투대형을 만들었는데, 이는 능선 전체를 띠처럼 황대로 서서 방어하는 형태로, 마치 런던으로 절대로 넘어가지 못할 것이라는 헤럴드의 강한 메시지처럼 보였다. 방패-벽에는 '웨섹스 용'이라 불린 정예부대를 중앙에 배치하고 양쪽에 하우스칼을, 그리고 양 끝에 테인과 퓌르드를 배치하였다. 그리고 병사 한 명당 60㎝ 정도를 방어하는 심층 밀집 형태를 이루고 대열도 10-12열로 겹겹이 서서 철통같은 방어를 할 수 있게 하였다. 총 6,000-7,000명에 이르는 군사들과 대열 중앙에서 지휘하는 헤럴드의 모습은 말 그대로 장관이었다.

윌리엄은 헤럴드의 이런 전투 배치를 염두에 두면서 나름 대로 자신의 군들을 움직이기 시작하였다. 오전 8시쯤 헤이스 팅스 쪽 능선 아래로 첫 부대가 도착하면서 윌리엄은 군대를 전투형으로 배치하기 시작하였다. 윌리엄은 선두에 경무장한 궁병과 투석기병을 세우고 그 뒤에 쇠미늘 갑옷으로 중무장한 보병대를 세워놓았다. 맨 뒷줄에는 윌리엄이 자랑하는 기병대 대가 전열을 가다듬고 있었다. 이런 배치에서 윌리엄의 전술 이 어떻게 펼쳐질 것인지를 쉽게 엿볼 수 있다. 즉, 궁수부대 의 집중사격으로 헤럴드의 방패-벽 전열을 흩어놓고, 이어서 중무장한 보병이 접근하여 촘촘히 엮어져 있는 병사들 틈을 벌려놓으며, 다시 기병이 출격하여 전후방 없이 공격하여 괴 멸시키는 것으로 전투를 마무리한다는 전략이다.

한편 윌리엄 쪽에는 특별한 군이 배치되어 있었는데, 그것 은 윌리엄의 이복동생인 주교 오도(Odo)와 그가 이끌고 온 성 직자들이었다. 이들은 그동안 군영에서 기도로 군사들의 정신 적 사기를 돋우었고, 이제 임박한 전투에서는 기도를 위해 텔 햄 언덕에 배치되었다. 성직자들이 능선에서 버티고 있다는 것은 군사들로 하여금 '교황의 군'이라는 자부심을 갖게 해주 는 역할을 하였다.

첫 번째 전투

양쪽의 배치가 끝나자 9시경 날카로운 뿔나팔 소리와 함께

윌리엄의 첫 공격 : 궁수들의 활약.

전투가 시작되었다. 공격을 시도한 쪽은 윌리엄의 노르만군이었다. 먼저 궁병과 일부 석궁병이 함께 앞으로 움직이기 시작하였다. 그들은 엄청나게 많은 화살들을 능선에 서 있는 헤럴드군에게 퍼부었다. 그러나 언덕을 향해 쏘는 화살이기에 힘을 잃고 빗나가기 일쑤였고, 정확히 날아간 화살들도 방패-벽을 만들고 있는 제1열에 의해 차단되었다. 투석기도 동원되었지만 돌들은 앵글로-색슨 병사들 머리를 넘어 훨씬 뒤쪽에 떨어지기가 일쑤였다. 물론 허둥대며 투입되던 일부 앵글로-색슨 신병들이 화살을 맞기도 했지만, 이는 윌리엄 궁병들의 역할이 뛰어났다고 말하기보다는 앵글로-색슨 병사들이 '재수가 없어 맞았다'란 표현이 더 적합하였다. 결국 윌리엄의 첫 번째 공격은 전혀 효과를 보지 못하고 말았다.

만약 능선에서 내려다보는 입장인 헤럴드 쪽에 궁병이 배치되어 있었다면 상황은 달랐을 것이다. 아래로 보면서 정확하게 적을 겨냥할 수도 있었고, 공중으로 포물선을 그리며 쏘더라도 적의 머리에 정확히 떨어지는 기대 이상의 효과를 얻을 수도 있었을 것이다. 그러나 헤럴드에게는 궁병이 거의 없었다. 이미 호르로테와의 싸움 때 거의 잃어버렸으며 런던에 돌아와서도 새로운 궁병을 교체받지 못한 상태로 전쟁터에 온 것이다. 그나마 남아 있는 궁병들도 전통에 24개 정도의 화살만 갖고 있다보니 몰려오는 적들에게 정신없이 화살을 퍼붓다 보면 순식간에 빈 통이 되었다. 그러다보니 적이 쏜 화살들을 다시 주어서 쏘는 해프닝이 벌어지게 되었다. 이런 헤럴드의 속사정 때문에 윌리엄의 궁병은 비록 목적은 달성하지 못했지만 손실도 그리 크게 입지 않고 후퇴할 수 있었다. 태피스트리에 묘사된 앵글로-색슨군 중 궁병이 거의 나타나지 않는 것이 위의 상황을 잘 설명해주고 있다.

윌리엄은 궁병을 보내어 실패하자 보병을 보냈다. 보병들은 능선 위에 있는, 전혀 전열이 흐트러지지 않은 방패-벽을 향하여 돌진하였다. 그들이 능선에 가까이 가자 헤럴드 쪽에서 무수한 돌들과 창 그리고 화살들, 심지어는 작은 손도끼조차 날아들었다. 윌리엄의 노르만군은 잠시 주춤하였지만 다시 공격하여 잉글랜드 병사들과 근접전을 펼치게 되었다. 그리고 방패-벽을 무너뜨리기 위해 안간힘을 썼는데 비록 동요는 있었지만 그 벽은 좀처럼 무너지지 않았다. 이를 지켜보던 윌리엄은 보병의 힘만으로 안 될 것 같다고 판단하고 기병의 돌진을 명하였다. 엄청난 비명 그리고 앵글로-색슨군들이 방패를 두드리며 내는 구호가 뒤섞인 곳으로 다가간 노르만 기병은 말들이 놀라는 바람에 주춤하게 되었고, 이때 또다시 날아드는 돌들과 창들 앞에 기사들은 말 아래로 곤두박질치게 되었다. 그러나 방어를 위주로 한 헤럴드군의 직접적인 공격이 없었기에 노르만 기사들은 몸을 추스르고 다시 말을 탄 후 앞장선 대장의 깃발 아래 방패-벽 쪽으로 재차 공격하였다. 그들은 칼로, 철퇴로, 창으로 방패-벽을 어떻게든 뚫으려고 안간힘을 썼다. 그러나 잉글랜드 군은 방패-벽 사이의 틈을 적절하게 이용하여 자신들의 주 무기인 손도끼를 휘둘렀고, 시간이 지나갈수록 노르만 병사들만 즐비하게 나뒹굴게 되었다. 전투가 시작된 지 3시간여 만에 윌리엄은 자신의 작전이 완전히 실패하였다는 것을 인정하게 되었다.

윌리엄의 위기

최전방의 상황은 심각하였다. 노르만군은 더 이상 공격을 할 수 없는 상태에 이르게 되었고 급히 물러나기 시작하였다. 당시 공격한 군은 주로 브르타뉴 출신 군사들로서 윌리엄군의 측면을 담당하고 있었다. 이들이 거의 힘을 못 쓸 정도가 되자 윌리엄군의 전열에 심각한 이상이 생기게 되었다. 우선 중앙군이 넓게 배치되어야 하다보니 공격력이 분산되게 되었고 일부 병사들은 자기편 군사들이 허무하게 패하는 모습 속에 공황상태에 빠져 우왕좌왕하기까지 하였다. 심지어 윌리엄의 말이 전투중에 상처를 입어 함께 쓰러지자 순간적으로 그가 전사했다는 악소문마저 돌기 시작하면서 상황은 최악의 상태로 치닫기 시작하였다. 이런 상황은 앵글로-색슨 척후병들에게도 포착되어 헤럴드에게 보고되었다. 헤럴드의 참모들도 이 소식을 듣고 지금이 바로 역공격을 할 적절한 시기라고 한 목소리를 내게 되었다. 그리고 일단의

낙마하는 윌리엄.

젊은 기사들이 퇴각하고 있는 노르만 병사들을 섬멸하고자 방패-벽을 열고 뛰쳐나가게 되었다.

한편 윌리엄은 말에서 떨어지면서 순간적으로 당황하였지만, 그 순간 위기를 기회로 만드는 지휘자다운 면모를 보이기 시작했다. 윌리엄은 술렁이는 자기 진영 앞에 나서서 직접 투구의 면갑을 벗고 자신이 살아 있음을 알렸다. 이때 볼로뉴의 유스타스는 들고 있던 교황 깃발을 높이 쳐들었다. 그 순간 윌리엄은 "우리 뒤에는 바다와 잉글랜드 함대가 지키고 있다. 우리는 더 이상 물러설 수 없다. 사는 길은 앞으로 나가는 것

면갑을 벗어 자신의 안전을 알리는 윌리엄.

도주해 온 기병들을 설득하는 오도.

뿐이다. 내가 앞장서겠다. 그러니 나를 믿고 따르라. 하나님이
나와 여러분을 도와 승리할 것이다"라고 즉석연설을 하였다.
텔햄 언덕에 있던 주교 오도도 황급히 언덕 쪽으로 도주해 오
던 신참 노르만 전사들을 보고 그들을 향하여 달려 내려가 다
시 전투에 임하도록 설득하였다.

이때 군영에서 나온 헤럴드 쪽의 보병 기사들은 계곡 아래
늪지까지 후퇴하고 있던 노르만 병사들을 추격하여 파죽지세
로 그들 사이를 헤집고 있었다. 이를 지켜본 윌리엄 쪽 기병들
이 급히 달려나가 이들 기사들을 에워싸고 무참히 도륙하기
시작하였다. 다급해진 기사들은 늪지에 불룩 솟은 조그만 동
산으로 올라가 기병들과 대치하였다. 그러나 능선에서의 상황
이 아니기에 이들 기사들은 모두 전멸하였다. 이로써 다급했
던 윌리엄의 위기는 무사히 지나갔다. 헤럴드는 자신의 전사
들이 죽어가는 모습을 능선에서 보고 그제야 방패-벽 진영을
능선에서 훨씬 아래로 내리며 방어에서 공격으로 전환하기 시
작했다. 연대기 작가인 웨이스는 이런 헤럴드의 결정은 윌리

엄의 역공을 받게 된 주된 원인이며, 윌리엄이 기다리고 있던 헤럴드의 충동적 행동이 나온 것이라고 말하고 있다. 사실 철통같은 방패-벽 진영으로 능선을 지키던 일부 참모들(헤럴드의 또 다른 동생들)은 공격대형으로 방향을 바꾼 전략으로 인해 방패-벽이 약해지면서 노르만 기병의 공격을 다시 받는 순간 허무하게 전사하는 불행을 맞게 되었다. 윌리엄이 퇴각할 때를 기회로 잡아 공격하지 못하고, 윌리엄의 노르만군이 전투에 임하는 사기를 회복한 상태에서 맞부딪친 상태였기 때문에 나쁜 결과가 난 것이다. 윌리엄의 기병들이 산 아래로 내려온 방패-벽 방어선을 뚫는 것은 능선에서의 그것보다 훨씬 쉬웠다. 그러나 짚고 넘어갈 점은 헤럴드 쪽 참모들의 손실로 방패-벽이 무너진 것은 아니라는 것이다. 단지 그럴 가능성이 보인다는 정도이다. 이때부터 두 진영은 능선을 오르락내리락하면서 지루한 소모전을 치르게 되었다.

얼마 뒤, 헤럴드와 윌리엄은 서로에게 휴전을 요청하게 되었다. 윌리엄으로서는 가장 손실이 컸던 브르타뉴 출신 병사들이 있던 오른쪽 진영을 보강할 필요를 느꼈기 때문이고, 헤럴드는 이참에 물과 음식을 공급하여 군사들로 하여금 휴식을 취하게 하자는 생각이었다. 이 점은 윌리엄도 마찬가지였다. 윌리엄은 군사들의 휴식과 함께 말에게 물을 먹일 시간도 생각하였다. 한편 휴식을 취하고 있던 중 윌리엄은 내심 걱정이 앞섰다. 아침에 시작된 전투가 이미 이른 오후에 접어들 때까지 지속되었는데도 앵글로-색슨군이 능선 위에서 여전히 버티고 있다는 사실 때문이다. 만약 헤럴드와 앵글로-색슨군을 저녁까지 항복시키지 못한다면 윌리엄과 노르만군은 철수를 해야 한다. 그러나 윌리엄은 해협에 버티고 있는 전함들에 의해 노르망디로 철수하기가 거의 불가능한 상태임을 알기에 더욱 난감한 상황이었다. 그는 이제 이기든지 이곳에서 죽든지 하는 배수의 진을 칠 수밖에 없었다.

거짓 패주 전략

전투는 다시 시작되었다. 윌리엄의 보병과 기병이 능선을 따라 올라가 헤럴드 쪽의 방패-벽을 뚫으려 전력을 다했지만 앵글로-색슨군의 최전방은 전혀 흩어지지 않았다. 이때 윌리엄의 머리를 스쳐가는 무엇인가가 있었다. 오전 접전 때 자신의 병사들이 패주하자 군은 따라 내려왔고, 그때 방패-벽의 견고함이 흔들렸던 '그것'이 생각난 것이다. 이때부터 윌리엄은 직접 지휘를 하면서 거짓 패주와 역공격을 거듭하면서 상대의 전력을 소모시켜나갔다. 퓌르드가 거짓 도주하는 노르만 기병을 추격하여 방패-벽을 열고 능선을 내려왔다가 기병들이 역공격하여 몰살하기를 몇 차례 되풀이하였다. 그 사이 보병과 일부 기병이 다시 방패-벽에 공격을 가하여 하우스칼과 테인의 사상자를 내는 방식을 쓰면서 군의 전력을 약화시켜나갔다. 그러기를 반복하는 가운데 언덕 위에는 수많은 시체들이 나뒹굴게 되었고, 이제는 말이 움직일 틈이 없어 기병의 역할이 줄어들게 되었다. 이때 방패-벽으로부터 날아온 창이나 도끼들이 말과 기병을 많이 상하게 만들었는데, 윌리엄의 말도 두 번이나 희생되었다. 그리고 비록 윌리엄의 보디가드에 의해 죽었지만, '웨섹스 용'이라 불린 앵글로-색슨 최고의 전사들 중 한 명은 윌리엄에게 근접하여 그의 투구를 도끼로 내리쳐 찌그러뜨릴 정도로 용맹하였다. 어느덧 해질 무렵이 되었을 때도 앵글로-색슨군 진영은 여전히 건재하였다. 윌리엄은 자신의 상황이 불리해지고 있음을 알고 있었기에 더욱 공격의 속도를 높였다.

마지막 공격

이제 윌리엄에게는 시간이 얼마 남지 않았다. 만약 이날 승부를 가리지 못한다면 헤럴드의 승리가 될 것이며 이는 곧 윌리엄 자신의 미래도 없다는 의미가 된다. 윌리엄은 총공격을 해서 승부를 내야 할 시점이라 판단하고 군사들을 재배치하였다. 총공격의 선두는 궁수들이 맡았다. 사실 궁수들은 오전에 치른 첫 전투 때 별 효과를 보지 못한 뒤 후면으로 밀려나 있었다. 그러나 이번은 예외가 아니었다. 이즈음 윌리엄은 중무장한 하우스칼의 희생이 많다보니 경무장한 퓌르드가 방패-벽을 만들고 있다는 점을 파악하였다. 이를 약점으로 본 윌리엄은 궁수들에게 화살을 공중으로 쏘아 올려 포물선을 그리며 적 진영에 떨어지게 하였다. 명령을 접한 궁수들은 처음에는 의아해했지만 곧 그 의미를 알아채게 되었다. 공중으로 날아 오른 화살이 무장이 약한 퓌르드가 막고 있는 방패-벽 위로 떨어지자 이들 퓌르드가 화살을 피하려 하다가 방패-벽을 풀고 혼비백산 도주하는 사태가 발생하였다. 궁수를 이용한 공격이 효과를 보게 되자, 윌리엄은 궁수의 공격을 조직적으로 시도하여 방패-벽을 흩뜨리고, 이어 중무장한 보병과 기병을 투입시키는 혼합된 방법으로 몇 차례 강한 공격을 시도하였다. 드디어 믿기 어려웠던, 그렇게 견고하던 방패-벽이 무너지기 시작하였다.

헤럴드의 죽음

둑이 무너지듯 방패-벽이 무너지면서 양측은 서로 뒤얽힌 채 마지막을 향한 대혈전을 벌이게 되었다. 이때 헤럴드는 전사하고 마는데, 그의 죽음에 대한 뚜렷한 기록이 남아 있지 않

화살에 의해 눈에 치명상을 상처를 입은 헤럴드.

아 결국 태피스트리에 묘사된 장면으로 그의 죽음을 추정할 수밖에 없다. 태피스트리에는 먼저 헤럴드가 자신의 눈이나 그 근처에 날아오는 화살을 손으로 잡고

있는 장면이 보인다. 그리고 다음 장면에는 땅에 쓰러져 있는 그의 허벅지 쪽에 칼을 휘두르고 있는 기사의

헤럴드의 최후.

장면이 보인다. 그리고 그 위에 라틴어로 '여기 헤럴드 왕이 죽었다'라고 적혀 있다. 이 태피스트리의 그림을 종합해보면 그는 먼저 화살에 의해 치명상을 입고, 이어서 노르만 기사에게 살해된 것으로 보인다. 이는 그동안 정통적으로 알려진 헤럴드의 죽음에 관한 추측이다. 그러나 맘스베리 같은 작가는 "그는 죽은 것이 아니라 윌리엄에게 잡혀 기사 직분이 박탈되고 유형에 처해졌다"고 주장하기도 한다. 즉, 화살이 머리 부근에 있는 것은 '기사 직분의 박탈'을 의미하며, 기사가 허벅지 부분에 칼을 대고 있는 것은 '추방'의 의미라고 보는 것이다. 덧붙여 화살을 맞고 전사한 이야기는 1125년경에 잉글랜드에서 알려지게 된 것이란 주장도 하였다. 웨이스는 헤럴드가 전사한 이야기를 믿으며, 오히려 좀더 구체적으로 표현을 하였다. 즉, 화살은 헤럴드의 오른쪽 눈을 맞추었는데 자신이 그 화살을 뽑아 두 손으로 꺾는 순간 기사가 휘두르는 칼에 맞아죽게 되었다는 것이다. 또 다른 기록으로는 "하우스칼 세 명과 함께 치열한 전투에 임하던 중 전사했다"고도 한다. 최근

의 학설에서는 화살이 그의 눈을 향한 것이 '종교적인 벌'을 상징적 표현으로 나타낸 것이라고 이야기되고 있다. 헤럴드의 죽음에 관한 여러 학설을 종합해볼 때 확실한 것은 그가 '헤이스팅스 전투에서 전사한 것은 분명하다'는 것과 '중세의 과장된 표현 하에 그의 죽음이 정확히 전해지고 있지 않다'는 사실이다.

노르만군의 승리

헤럴드의 죽음과 함께 그를 따르던 군사들은 사기를 잃고 전열은 붕괴되기 시작했다. 헤럴드의 존재를 의미했던 '붉은용' 깃발은 땅에 던져졌고 전사들이 갖고 있던 왕실 깃발도 윌리엄의 노르만군에게 빼앗겨버렸다. 윌리엄은 교황의 도움에 감사하는 의미로 이 깃발을 그에게 보내었다. 왕의 죽음은 퓌르드에게도 영향을 미쳐 이들은 자신들의 안전을 위해 능선 아래 숲 속으로 숨어든다. 윌리엄은 이제 방패-벽이 거의 무너졌다는 생각을 하고 최후의 공격을 감행하였다. 헤럴드의 정예병인 하우스칼과 테인들은 왕의 시신 곁에서 끝까지 항전하며 장렬한 최후를 맞았다. 그러나 퓌르드는 거의 와해되어 항복하거나 숲으로 도주하였다. 날이 저물어 상대방이 보이지 않을 즈음 전투는 끝이 났다. 역사상 가장 길고 험악했던 전투는 이렇게 윌리엄의 승리로 끝을 맺었다.

승리를 뒤로하고

달(22일이 지난 하현달)마저 자정 즈음 뜨다보니 칠흑 같은 어둠 속에서 부상자들의 울부짖는 소리가 능선을 가득 메웠다. 윌리엄은 말을 돌려 능선을 내려오면서 불빛에 비친 나뒹굴고 있는 시신들을 보고 동정 어린 마음을 가졌다. 어디선가 "헤럴드의 시신을 찾았다"는 고함이 들려오자 윌리엄은 그곳으로 달려갔다. 헤럴드의 시신은 처음에는 알아볼 수가 없을 만큼 얼굴에 난 상처가 컸다. 그래서 왕의 시신을 알아볼 수 있도록 그의 부인 에디스를 찾았다. 데인계 왕비인 에디스는 전통에 따라 그녀만 알 수 있는 문신을 남편의 몸에 새겨두었기 때문이다. 당시 왕비는 전선에 따라 나와야 했는데 에디스도 예외가 아니었다. 그녀는 컬드백 언덕의 남서쪽 전망대에서 헤럴드의 승리를 기원하며 있었다. 윌리엄군은 그녀를 발견하고 즉시 헤럴드의 시신으로 추정되는 곳으로 데려갔다. 에디스가 처음 대한 시신은 많은 병사들의 시신 속에 나뒹굴고 있었다. 잠시 기절할 듯 주저앉았던 그녀는 몸을 다시 가누고 그 시체에서 문신을 찾았다. "제발~" 하며 찾던 그녀의 눈에 익히 알던 문신이 보였다. 그녀는 그 자리에서 실신했고, 이 순간은 진정 전쟁을 끝맺는 역사적 장면이 된다.

헤럴드의 시신은 윌리엄의 진영으로 옮겨졌다. 윌리엄은 이를 보관하기 어려우니 묻도록 명하였다. 맘스베리의 기록에 의하면, 이 소식을 들은 헤럴드의 어머니인 기사(Gytha)가 금을 윌리엄에게 보내면서 시신을 돌려주길 원했다 한다. 이때 윌리엄은 금과 함께 헤럴드의 시신을 기샤에게 돌려보냈고, 기샤는 웨섹스에 있는 '왈삼 홀리 크로스'라 불리는 왕실 교회에 시신을 묻었다고 한다. 그러나 연대기 작가 웨이스는 그 장소를 지적하고 있지 않고, 단지 왈삼이란 곳이 헨리 2세가 후원하는 왕실 사원이란 점만 언급하였다. 당시 왕의 죽음을 인정하지 않는 무리들은 헤럴드가 전쟁터에서 도망하여 더 많은 모험을 한 후 체스터 지방에서 은둔자로 세상을 떠났다고 말했다.

10월 15일 아침, 죽은 윌리엄의 병사들을 묻는 작업이 시작되었고, 앵글로-색슨 병사들의 가족들에게는 들판에 흩어져 있는 사체들 속에서 연고자를 찾는 것이 허락되었다. 그러나 많은 사체들이 그대로 들판에 버려졌다. 오드릭은 전투가 끝난 후 70년이 지나도록 그 들판에 뼈가 나뒹굴고 있었다고 전한다. 전리품들도 다 거두어들였는데 태피스트리에 죽은 자의 쇠미늘 갑옷이 벗겨진 모습이 적나라하게 묘사되어 있다.

아침 일찍 윌리엄은 능선 위까지 시찰을 하다가 컬드벡 언덕에 돌로 된 승전비를 세우도록 명령하였다. 시찰을 마치고 돌아온 윌리엄은 5일 동안 전 군사들이 헤이스팅스에 세운 군영에서 휴식을 취하도록 하였다. 윌리엄의 이런 조치는 전쟁에서 지친 자신의 병사들을 쉬게 하는 것이 첫 번째 목적이었고, 다음으로는 런던의 귀족들에게 헤럴드 사후 윌리엄을 왕으로 옹립한다는 결정을 내릴 시간을 주자는 것이었다. 그러나 런던으로부터 아무런 소식이 없자 그는 다시 런던을 향한 진군을 준비하게 되었다. 출발 당시 전력을 점검해보니 해협을 건너올 때의 병력 중 25-30%가 사라진 상태였다. 그러나 헤럴드가 없는 런던을 진압하기에는 이 정도로도 충분하다는 판단을 내린 윌리엄은 진군명령을 내렸다.

윌리엄은 도버를 거쳐 런던으로 향하는 길을 택했다. 그러나 막상 출발한 그는 굳이 올드 로미를 거쳐갔는데, 이는 자신의 배 두 척에 타고 있던 병사들을 도륙한 이곳 마을을 응징하자는 의도였다. 윌리엄은 올드 로미를 거쳐 도버에 다다랐는데, 그곳에서는 그를 환영하며 맞이하였다. 윌리엄은 도버 해안 절벽에 새워진 요새 성에 잠시 머물렀다. 도버에서 전혀 저항이 없었던 것은 아니다. 몇몇 시골 대지주가 반란을 일으켰지만 곧 진압되었고, 윌리엄은 그들에게서 배상금을 받아내었다. 윌리엄과 노르만군은 그곳에서 8일 동안 머물렀는데 이 때 병사들 사이에 이질이 돌아 곤욕을 치렀다. 이질이 잦아들자 그는 캔터베리로 진군하였는데, 도중에 먼저 전령을 그곳에 보내어 항복할 것을 권유하였다. 이런 윌리엄의 뜻이 제대로 전해져서 켄트 지방도 피를 흘리지 않고 장악하게 되었다.

한편 윌리엄이 진군해 온다는 소식을 접한 런던은 거의 공황상태였다. 당시 대주교인 스티전드와 요크의 알드레드는 대자문회의를 소집하여 앵글로-색슨계 왕실 혈통인 에드거 애설링을 왕으로 급히 선출하였다. 그러나 대자문회의는 에드거를 내세워 윌리엄에 대적하려는 계획은 없었던 것 같다. 런던에서의 왕의 선출은 윌리엄의 전진을 주춤하게 만들었다. 이때 윌리엄은 먼저 선발대를 보내어 런던의 외각을 장악하려고 하였다. 윌리엄의 의도대로 '선발대'는 사소한 충돌을 몇 차례 치른 뒤 런던으로 들어가는 관문인 런던 브리지를 무사히 건널 수 있었다. 그리고 남쪽에 대기하고 있는 본진과 양동작전을 펴면서 점차 런던의 심장부로 향하였다. 이후 윈체스터를 장악하였는데 이는 웨섹스 지역의 중심 도시와 교회의 중심지 그리고 남동쪽 항구가 윌리엄의 수중에 들어왔다는 것을 의미한다. 윌리엄이 템즈 강을 건너 윌링포드에 도달하자 대주교 스티전드가 에드거와의 관계를 끊고 윌리엄에게 손을 들고 나왔다. 이로부터 런던은 순식간에 윌리엄의 수중에 떨어지기 시작했다. 마지막으로 윌리엄은 허트포드셔의 버켐스티드에서 에드거를 비롯한 모든 귀족들로부터 항복을 받아냈다. 이로써 헤이스팅스에서 출발한 장장 350마일 이상의 진군은 결실을 맺었다.

윌리엄은 런던을 진압하자 곧바로 왕위를 받기 위한 절차를 잉글랜드 귀족들에게 요구하였다. 왜냐하면 잉글랜드 전역에서 일어나고 있는 반란들을 진압하기 위해서는 왕으로서의 정통성이 먼저 마련되어야 하기 때문이다. 윌리엄은 드디어 에드워드 참회왕 때 건립한 웨스트민스터 사원에서 1066년 크리스마스 때 즉위하게 되었다. 즉위가 있던 그 시각 반란의 무리에 의해 사원 밖 건물들 중 몇 채가 불길에 휩싸였다. 윌리엄이 앞으로 풀어야 할 숙제는 이렇게 시작되었다.

잉글랜드 왕실의 탄생

계속되는 반란과 진압

윌리엄은 비록 잉글랜드의 수장이 되었지만 자신의 왕권 강화를 위한 고삐를 놓지 않았다. 그는 노르망디 공국을 다스리며 경험한 대륙의 봉건제도를 도입하여 잉글랜드를 다스렸다. 그 방법으로 그는 가장 믿을 수 있는 측근들에게만 영토와 성곽을 허락하여 잉글랜드의 토속 지방민들을 다스리도록 하였다. 그 과정 중 윌리엄은 잉글랜드 왕국의 경제와 토지소유에 대한 조사를 명했으며, 조사결과 '둠즈데이북'이라는 토지대장이 만들어졌다. 이 대장을 작성한 이유는 당시 인구를 정확히 파악하여 지방 영주들의 편법적인 세금

착복을 막고 중앙정부에 세금이 정확히 올라오도록 하자는 데 있었다.

한편 영토 확보는 무수히 일어나던 반란들을 진압하면서 합법적으로 토지를 몰수하는 방식으로 진행되었다. 당시 반란이 빈번했던 이유는 헤럴드를 추종하는 잔당들 때문이기도 했지만, '권력이란 무력으로 성취할 수 있다'는 생각을 하는 무리들이 있었기 때문이었다. 첫 반란은 1067년에 일어났는데, 서쪽 웨일즈 지역에서 봉기한 에드릭이 히어포트셔를 황폐화시킨 것이 그것이다. 비슷한 시기에 동쪽으로는 대륙의 볼로뉴에서 건너온 일단의 무리가 도버 지역을 유린하였다. 다행히 이 두 반란은 노르만 수비대에 의해 무사히 진압되었다. 1068년에는 아일랜드에서 헤럴드의 서자 세 명이 힘을 합쳐 브리스톨 근처로 들어오려다가 섬머셋 지역의 주민들에 의해 축출되었고, 데번과 콘웰 지역에서 일어난 반란도 윌리엄의 통치를 긍적적으로 받아들인 엑스터 지역 주민들에 의해 진압되었다. 같은 해 스코틀랜드의 맬컴 왕은 윌리엄의 사신이었던 더햄 주교와 평화조약을 맺었다.

그러나 이듬해인 1069년은 윌리엄이 반란으로 곤욕을 치른 한 해였다. 첫 조짐은 노섬브리아의 초대 노르만 영주인 로버트가 살해되고 요크 성 관리장관 역시 피살되면서 보이기 시작했다. 이때 스코틀랜드로 피해 있던 에드거가 무리를 이끌고 요크로 내려오면서 반란의 규모가 커지게 되었다. 윌리엄은 에드거의 남하 소식을 듣고 1066년 헤럴드가 한 것처럼 빠른 시간 내 요크로 군사를 몰아가서 반란을 진압하였다. 결국 에드거는 스코틀랜드로 도주하였다. 이런 일단의 사태가 전개되고 있을 즈음, 바다 건너 스웨덴의 스웨인 왕이 크누트의 혈통을 내세워 잉글랜드 왕위를 요구하면서 험버 강변에 나타났다. 당시 스웨인 왕은 자신의 아들들과 동생이 지휘하는 함선을 포함한 240-300척가량의 대규모 함대로 해안 도시들을 차례로 약탈하였다. 요크 근처에서 이 소식을 들은 윌리엄은 급히 군을 재촉하여 스웨인 왕을 제압하려고 그곳으로 향하였다. 스웨인을 만나러 가는 도중, 윌리엄은 자신의 처지가 마치 '헤럴드가 자신 때문에 헤이스팅스로 진군해 오던 때와 비슷하다'는 생각을 하였다.

험버 강 부근에서 스웨인과의 충돌이 있었는데 다행히 그리 심각하지 않은 전투상황에서 그들은 물러갔다. 잠시 숨을 몰아쉬는 윌리엄에게 다시 급한 전보가 날아들었다. 스코틀랜드로 피신했던 에드거가 다시 요크 부근으로 군사들을 이끌고 남하하였고, 그곳에 주둔한 수비군들이 대패했다는 것이다. 윌리엄은 다시 요크로 향하였다. 이런 과정이 몇 차례 지속되면서 윌리엄은 무척 곤욕을 치렀지만 궁극에는 그들을 모두 제압하였다. 그 해 크리스마스, 윌리엄은 폐허가 되다시피 한 요크에서 축하 파티를 하였다. 이렇게 1067년에 시작된 잉글랜드의 반란은 1069년 절정에 달했으며, 1071년에 이르러서야 마침내 진정되었다.

왕국의 안정

이때부터 윌리엄은 잉글랜드에 머물지 않았고 자신을 대신하여 캔터베리 대주교로 임명한 란프랑크를 통해서 대리 통치를 하였다. 물론 윌리엄도 통치자의 속성상 나름대로 방어책은 있었다. 윌리엄은 잉글랜드 내 토착 귀족들은 노르망디에서 자신과 함께 머물게 하여 원천적인 반란의 불씨를 제압하고 있었다. 또한 잉글랜드 토착민들이 만들 수 있는 위급한 정치적 상황을 막기 위해서 란프랑크에게 왕과 버금가는 권위를 주어 독자적으로 법률과 법정을 운영하도록 허용했다. 어쩌면 윌리엄 통치 후반기에는 란프랑크가 잉글랜드의 실질적인 왕이라고도 할 수 있다. 그러나 란프랑크는 철저히 윌리엄의 심복으로서만 그 역할을 충실히 하였다. 당시 그와 함께 통치의 전방위에 나와 있던 주교들이 왕권에 위해를 줄 수 있음을 우려해서 만든 그의 조치가 이를 잘 말해주는데, 정기적으로 개최되는 성직자회의를 왕의 자문관 격인 대자문회의와 함께 개최해서 성직자들도 왕의 자문 이상이 될 수 없도록 한 것이다.

윌리엄은 노르망디에 대한 애착이 강해 잉글랜드에 머문 시간들이 그리 많지 않았다. 단, 필요한 때에는 즉시 잉글랜드로 달려왔다. 비록 덴마크 함대의 개입으로 더욱 위험한 상황까지 갔었지만, 1075년에는 헤러퍼드 백작과 노폴드 백작이 일으킨 반란의 후유증을 수습하기 위해 잉글랜드로 왔었다. 1082년에는 바이외 주교 오도가 교황이 되고자 군대를 준비하고 있다는 소식을 듣자, 국제적 지위 악화를 원치 않는 윌리엄은 이복동생이기도 한 그를 체포하기 위해서 잉글랜드로 급히 들어왔다. 물론 사태는 수습되었다. 같은 해 8월에는 솔즈베리에서 왕권 강화를 확실히 하기 위해 잉글랜드의 모든 주요 지주들로부터 충성서약을 받았다. 1085년, 한때 잉글랜드를 통치한 크누트의 자손인 덴마크 왕 크누트 2세(신성왕 크누트)의 침공 조짐이 파악되었다. 이에 대처하기 위해 윌리엄은 대군을 이끌고 노르망디를 떠나 잉글랜드로 들어갔지만 이듬해에 크누트가 죽음으로써 하나의 해프닝이 되었다.

윌리엄의 통치 말기에 그를 신경 쓰게 한 곳은 잉글랜드라기보다 노르망디 변경 지방이었다. 특히 위험성이 있는 지역은 프랑스 왕실 영지와 접해 있는 멘 지방 일부와 센 강변의 벡생 지방이었다. 벡생 동부 지방의 망트 현은 윌리엄이 멘 지방 문제로 바쁘게 신경 쓰고 있던 1077년에 프랑스의 필립 1세가 점령하였던 곳이다. 1087년에 윌리엄은 필립에게 쇼몽, 퐁투아즈 등의 성읍들과 함께 이 땅을 돌려달라고 요구했다. 그러나 필립이 이를 거절하였고 7월에 윌리엄은 기습적으로 망트를 침입하여 재점령을 시도하였다. 그러나 윌리엄은 성읍이 불타는 외중에 부상을 입었고 그의 시도는 좌절되었다.

윌리엄은 루앙 교외로 옮겨져 5주 동안 빈사상태로 누워 있었다. 그는 몇몇 주교와 의사들의 도움을 받았으며 아들들인 루퍼스(윌리엄 2세)와 헨리가 시중을 들었다. 프랑스 왕의 꾐에 넘어가 아버지를 배반했던 장남 로베르는 윌리엄의 곁에 있지 못했다. 관례대로 본다면 로베르가 모든 유산을 상속받게 되겠지만 당시 상황으로 인해 충실한 루퍼스가 후계자가 되어 잉글랜드를 물려받았다. 그리고 비록 배신은 했지만 장남이었던 로베르에게는 노르망디와 멘을 주었으며, 헨리는 영지를 사들일 수 있는 많은 보물을 물려받았다. 윌리엄은 60세 되던 해 9월 9일 새벽에 죽었으며 다소 어울리지 않게 자신이 캉에 세운 생테티엔(스테팽) 교회에 묻혔다. 잉글랜드를 처음이자 마지막으로 정복한 유일한 왕인 윌리엄의 끝은 이렇게 매듭지어졌다.

잉글랜드 왕실의 탄생과 관련된 의문점

만약에 윌리엄에 의해 유럽의 왕실 정통성이 들어오지 않았다면 섬나라 잉글랜드 왕실이 과연 유럽왕실의 반열에 오를 수 있었을까? 어쩌면 지금까지 '유럽에 있으면서도 유럽이 아닌' 국가로 남아 있을 것이다. 잉글랜드 왕실의 정통성 성립에는 바로 윌리엄의 잉글랜드 정복이 주된 역할을 했음이 분명하며, 동시에 헤이스팅스 전투도 그런 맥락에서 의의를 찾을 수 있다.

우리가 글 첫머리에서 관심을 가졌던 영국왕실의 탄생과 그 정통성은 이제 어느 정도 그 윤곽을 드러내게 되었다. 또 윌리엄 이후의 잉글랜드 왕실이 영국왕실 정통성의 적자(嫡子)로 표현되는지도 이해가 되었다. 그럼에도 불구하고 마지막으로 한두 가지 짚고 넘어가야 할 부분이 있다.

먼저, 헤이스팅스 전투로 들어온 '봉건제도'와 '기독교 중심' 정책이 앵글로-색슨왕국의 입장에서는 수동적이며 강제된 것인데, 과연 그것들을 쉽게 받아들여 윌리엄 당대에 왕실의 탄생을 알릴 수가 있었던가 하는 것이다. 사실 앵글로-색슨과 노르만 집안이 결합하여 진정한 잉글랜드 왕실이 탄생하기까지는 윌리엄 정복왕의 증손자인 헨리 2세가 플랜태저넷 왕조를 연 즈음까지 100여년을 기다려야만 했었다.

다음은 비록 헤이스팅스 전투 이후 새로운 역사의 전환점이 마련되었음은 의심할 바 없지만 자칫 유럽왕실의 정통성이 그대로 받아들여져 '영국다움'은 없어진 것이 아닌가 하는 점이다. 사실 노르망디 공국은 프랑스의 문화를 그대로 빼닮았지만, 그들은 원래 바이킹의 피가 흐르는 노르만인이었다. 따라서 그들은 잉글랜드에 프랑스문화를 끌어들여 발전시킬망정, 프랑스문화를 만들지는 않았다. 오히려 잉글랜드 내의 앵글로-색슨, 데인계의 문화적 뿌리와 더 가까워지게 되었다. 이것은 잉글랜드 왕실이 오늘날까지도 독자적으로 고유한 정통성을 주장하는 근거가 됨을 알 수가 있다.

윌리엄 정복으로부터 200여 년이 지난 1272년 에드워드 1세의 잉글랜드 왕실에서는 프랑스어가 사라지고 영어가 주된 언어로 사용되게 되었다. 이때야말로 잉글랜드 왕실이 유럽왕실의 일부이자, 명실상부한 독자적인 왕실 정통성을 유럽 사회에 드러내기 시작한 시점이라 할 수 있다.

참고문헌

김복례, 『프랑스가 들려주는 이야기』, 대한교과서, 1998.

김현수, 『영국사』, 대한교과서, 1997.

마틴 키친, 유정희 옮김, 『케임브리지 독일사』, 시공사, 2001.

박지향, 『영국사』, 까치, 1998.

앙드레 모로와, 신용석 옮김, 『영국사』, 기린원, 1997.

_____, _____, 『프랑스사』, 기린원, 1991.

조르주 뒤비, 최애리 옮김, 『중세의 결혼』, 새물결, 1999.

케네스 O. 모건 엮음, 영국사학회 옮김, 『옥스포드 영국사』, 한
   울, 1994.

콜린 존스, 방문숙 외 옮김, 『케임브리지 프랑스사』, 시공사,
   2001.

패트릭 기어리, 이종경 옮김, 『메로빙거 세계』, 지식의 풍경,
   2002.

Abels, Richard, "Bookland and Fyrd Service in Late Saxon England",
   Anglo-Norman Studies VII, Woodbridge, 1982.

Bachrach, Bernard S., "Some Observations on the Military Administration
   of the Norman Conquest", *Anglo-Norman Studies VIII*, Woodbridge,
   1985.

Bennett, Matthew, "Poetry as History? The Roman de Rue of Wace
   as a Source for the Norman Conquest", *Anglo-Norman Studies V*,
   Woodbridge, 1982.

Bernstein, David, *the Mistery of the Bayeux Tapestry*, London, 1986.

Bradbuly, Jim, *The battle of Hastings*, London, 1986.

Brown, R. A., *The Norman Conquest(Documents of Medieval History 5)*,
   London, 1984.

Brown, Shirley Ann, "the Bayeux Tapestry : Why Eustace, Odo and

William?", *Anglo-Norman Studies XII*, Woodbridge, 1989.

Cowdrey, H. E. J., "Towards an interpretation of the Bayeux Tapestry", *Anglo-Norman Studies X*, Woodbridge, 1987.

Davis, R. H. C., "The Warhorses of the Normans", *Anglo-Norman Studies X*, Woodbridge, 1987.

Gilmour, C. M., "Naval Logistics of the Crc Channel Operation 1066", *Anglo-Norman Studies VII*, Woodbridge, 1985.

Houts, Elisabeth M. C. van, "The Ship List William the Conqueror", *Anglo-Norman Studies*, Woodbridge, 1987.

Kiff, Jennie, "Images of War : Illustrations Warfare in Early Eleventh-Century England", *Anglo-Norman Studies VII*, Woodbridge, 1985.

Morillo, Stephen(ed.), *Warfare under the Anglo-Norman Kings*, Woodbridge, 1994.

＿＿＿＿＿＿＿＿＿＿, *The Battle of Hastings, Sources and interpretation*, Woodbridge, 1996.

Wilson, D., *the Bayeux Tapestry*, London, 1985.

큰글자 살림지식총서 121

유럽왕실의 탄생

펴낸날	초판 1쇄 2015년 5월 28일

지은이	김현수
펴낸이	심만수
펴낸곳	(주)살림출판사
출판등록	1989년 11월 1일 제9-210호

주소	경기도 파주시 광인사길 30
전화	031-955-1350 팩스 031-624-1356
기획 · 편집	031-955-4671
홈페이지	http://www.sallimbooks.com
이메일	book@sallimbooks.com

ISBN	978-89-522-3136-9 04080

※ 이 책은 큰 글자가 읽기 편한 독자들을 위해
   글자 크기 15포인트, 4×6배판으로 제작되었습니다.